Stanislávski em Processo
um mês no campo – turguêniev

6 COLEÇÃO MACUNAÍMA NO PALCO: UMA ESCOLA DE TEATRO

Edição de texto: LARISSA FÉRIA
Revisão de provas: ROBERTA CARBONE
Capa e projeto gráfico: SERGIO KON
Produção RICARDO NEVES, LUIZ HENRIQUE SOARES, ELEN DURANDO, LIA MARQUES E SERGIO KON

Simone Shuba

Stanislávski em Processo

um mês no campo – turguêniev

CIP-Brasil. Catalogação-na-Fonte
Sindicato Nacional dos Editores de Livros, RJ

S565s

   Shuba, Simone
   Stanislávski em processo : um mês no campo Turguêniev / Simone Shuba. - 1. ed. - São Paulo : Perspectiva : Teatro-Escola Macunaíma, 2016.
   136 p. ; 21 cm. (Macunaíma no palco; 6)

   Inclui bibliografia
   ISBN 9788527310468

   1. Stanislavski, Constantin, 1863-1938. 2. Teatro russo (Literatura). 3. Representação teatral - Técnica. I. Título. II. Série.

15-28947   CDD: 792.0947
                                        CDU: 792(470)

09/12/2015   09/12/2015

DIREITOS RESERVADOS À

EDITORA PERSPECTIVA S.A.

AV. BRIGADEIRO LUÍS ANTÔNIO, 3025
01401-000 SÃO PAULO SP BRASIL
TELEFAX: (011) 3885-8388
WWW.EDITORAPERSPECTIVA.COM.BR

2016

Ao meu companheiro de vida e arte, Paco Abreu.

E aos que me ensinam os encantos da simplicidade da vida, Leonardo e Rafael.

Sumário

Agradecimentos
9

Em Busca das Bases do Sistema Stanislávski
por Fausto Viana
11

Novos Caminhos, Novos Parceiros
15

Tchékhov, Simbolismo – Maeterlinck, Meierhold, Um Novo Ator, Sulerjítski, Isadora Duncan, Gordon Craig

Um Mês no Campo – O Texto
37

O Autor, A Peça, As Personagens, As Montagens

Um Mês no Campo – A Cena
67

A Escolha, Encenação, Referências, Turguêniev por Stanislávski, Trabalho Com os Atores – O Sistema Colocado em Prática, Ioga, Memória Emotiva, Divisão do Texto, Tarefas, Dificuldades, Ingenuidade, Ensaios, Cenografia, Figurinos, Recepção

Epílogo
125

Bibliografia
131

Agradecimentos

A vida de um artista não se passa no plano do dia a dia da vida, mas nas sua memórias do passado e nos seus sonhos do futuro.

C. STANISLÁVSKI

Agradeço, de coração, a Elena Vássina pelo vasto conhecimento transmitido com tanta generosidade e afetividade e por impulsionar minha autoconfiança. A Paco Abreu por todo o incentivo e por estar sempre ao meu lado. A Antonio Araújo, por ter despertado o meu interesse pela obra de Stanislávski. A Adolfo Shapiro e à Cia. Mundana pelo grande aprendizado. A Eduardo de Paula e João Otávio pelas conversas frutíferas. A Diego Moschkovich pela colaboração na tradução da partitura de direção de Stanislávski de *Um Mês no Campo*. A Maria de Fátima Bianchi pela generosa colaboração. A Debora Hummel e Luciano Castiel por me darem a oportunidade de compartilhar minha experiência com o Teatro Escola Macunaíma. A Marcela Grandolpho e Silvia de Paula pela ajuda e carinho. À minha querida professora de russo Tatiana Larkina, por sua grande colaboração na tradução de fragmentos da peça *Um Mês no Campo*. A Nair Dagostini e a Maria Thais Lima Santos pelas dicas preciosas em um momento de dificuldade. A Heloísa Marie Donnard por sua imensa colaboração com a pesquisa bibliográfica e pelo apoio na revisão do exame de qualificação. À minha mãe e ao meu pai pelos momentos aconchegantes na hora do cansaço e pelo apoio. A Fausto Viana por todo seu apoio desde o embrião desta pesquisa; suas inúmeras contribuições foram de um valor imensurável e sua orientação, fundamental.

Em Busca das Bases do Sistema Stanislávski

> *Algo de bom na arte é quando as pessoas estão realmente vivas, quando fazem um esforço para alcançar um determinado ponto, quando rejeitam, lutam, brigam por alguma coisa, superam obstáculos e até mesmo a angústia. A batalha traz vitória e conquista. O pior é quando tudo está em repouso na arte, tudo em ordem, definido, legitimado, quando não há necessidade de argumento, luta, quando não há derrotas, portanto não há vitórias também. A arte e os artistas devem ir para a frente, do contrário, irão para trás.*
>
> C. STANISLÁVSKI

A arte teatral é claramente presencial no que se refere ao público. Para que um espetáculo aconteça é necessário que alguém esteja presente e participe do ato em si. É claro que essa presença no teatro contemporâneo pode ser questionada, já que podem acontecer transmissões ao vivo, mesmo de uma sala ao lado da outra, e múltiplas formas de interação entre o ator e o público.

Há cerca de um século, porém, Constantin Stanislávski ia além do questionamento dessa presença do público. Ele questionava o próprio ator em cena – a sua mera presença física não era suficiente para que a arte dramática acontecesse em plenitude. Era necessário elaborar um conjunto de ações que trouxesse à cena um ator consciente do processo de elaboração de uma personagem complexa, capaz de auxiliá-lo a atingir o objetivo maior da arte como um todo: elevar o homem à espiritualidade, fornecendo-lhe elementos de reflexão que pudessem ajudá-lo a superar as dificuldades da áspera condição humana.

A busca já havia começado de forma declarada em 1897. Foi quando aconteceu o encontro entre Stanislávski e Nemiróvitch--Dântchenko, no Slavianski Bazar, onde foram definidas as bases de um novo teatro, de arte genuína. Os atores passaram a receber mais oportunidades para o desenvolvimento da estética e da atividade criadora culta, como narrou Stanislávski em sua obra *Minha Vida na Arte*: "A vida de um artista não se passa no plano do dia a dia da vida, mas nas suas memórias do passado e nos seus sonhos do futuro."

Em 1909, época do espetáculo analisado no presente volume por Simone Pricoli de Mello (Simone Shuba, como é mais conhecida), a caminhada já havia sido longa. Muitos espetáculos, pesquisas e experimentos haviam sido desenvolvidos e o Teatro de Arte de Moscou já havia obtido reconhecimento de público e crítica.

Mas era preciso ir além do comodismo, sair de zonas de conforto e das situações já resolvidas. "Quando tudo está em repouso na arte [...], quando não há necessidade de argumento, luta, quando não há derrotas, portanto, não há vitórias também. A arte e os artistas devem ir para a frente, do contrário irão para trás", disse Stanislávski em citação usada pela autora.

É esse momento artístico específico da trajetória de Stanislávski que Simone Shuba investiga: a montagem de *Um Mês no Campo*, de Ivan Turguêniev, de 1909. Seu objetivo claro é demonstrar que foi nesse espetáculo que começaram as buscas teóricas que serviriam de base para o futuro sistema de interpretação de Stanislávski, usado para auxiliar o ator em seu trabalho criativo na construção da personagem.

A construção de *Stanislávski em Processo: Um Mês no Campo – Turguêniev* foi inteligentemente desenvolvida. A autora apresenta um panorama dos artistas e autores do período que tiveram influência direta ou indireta sobre os processos criativos de Stanislávski. Desfilam por aqui Anton Tchékhov e Maeterlinck; Meierhold; Isadora Duncan; Gordon Craig e Sulerjítski.

Ela faz uma análise do texto sem deixar de revelar nele a presença autobiográfica de Turguêniev. Analisa posteriormente as personagens, fornecendo dados usados por Stanislávski para ajudar os atores em seus processos criativos. E, enquanto verifica o espetáculo em si, define conceitos fundamentais para o entendimento do processo de trabalho stanislavskiano, tão equivocadamente definidos por pesquisadores nem sempre hábeis como Simone Shuba. Memória emotiva talvez seja o mais difícil entre eles.

A autora relata o processo de ensaios e dá descrições sobre a cenografia, incluindo os trajes utilizados em cena. Trata também da recepção do espetáculo pelo público. Esse *tour de force* de Simone Shuba só foi possível graças às suas habilidades investigativas, não há dúvida. Com a ajuda inestimável de Elena Vássina, professora do Departamento de Letras Orientais, da Faculdade de Filosofia, Letras e Ciências Humanas da Universidade de São Paulo, ela se debruça sobre textos ainda inéditos no Brasil, como a partitura da direção e as anotações pessoais de Stanislávski feitas durante o período dos ensaios.

Isso nos leva a pensar como ainda temos poucas pesquisas publicadas sobre a obra de Stanislávski, às quais o texto de Simone Shuba vem se juntar. Temos pesquisadores competentes que a autora traz em seu trabalho, como Arlete Cavaliere e a própria Elena Vássina, além de Nair Dagostini e J. Guinsburg. Diretores que conhecem profundamente a obra de Stanislávski, como Antonio Araújo. Mas ainda faltam publicações que possam refletir em sua totalidade o alcance da obra do diretor, encenador e pedagogo russo. Mais do que nunca, a obra dele deve ser valorizada, estudada e compreendida.

O "papel" de Simone Shuba nesse processo é guiar o leitor na compreensão do processo de trabalho de Stanislávski. Essa publicação não vai auxiliar apenas aqueles que são ou foram seus alunos – a obra está desenhada para atender diretores, atores, cenógrafos, profissionais ligados ao teatro e pesquisadores que busquem um aprofundamento do que o sistema stanislavskiano representa.

Simone Shuba é inquieta e não repousa, certa de que não há vitória sem derrotas. Assim, deve-se esperar dela novas obras que aprofundem ainda mais a análise do trabalho do diretor russo.

Se esse é um desejo, um prenúncio ou profecia, o tempo dirá!

O espiritual – do qual o tempo faz parte incontestável – escolhe caminhos e trajetórias tão singulares que a nós cabe esperar e tentar identificar.

Fausto Viana
Professor de Cenografia e Indumentária
da Escola de Comunicações e Artes da
Universidade de São Paulo.

Novos Caminhos, Novos Parceiros

> *O que realmente significa verdade na cena? Significa que você age da mesma forma que na vida diária? De maneira alguma. A verdade, nesses termos, seria pura banalidade. A diferença entre a verdade artística e não artística é a mesma que existe entre o pintor e o fotógrafo: o último reproduz tudo, o primeiro somente o que é essencial; para se colocar na tela o essencial requer-se o talento de um pintor.*
>
> C. STANISLÁVSKI

Em 1897, acontece um encontro notável: Vladímir Nemiróvitch-Dântchenko (1858-1943) e Constantin Stanislávski, juntos, elaboram as diretrizes para um novo teatro, um teatro de arte. Nasce, em 1898, o Teatro de Arte de Moscou (TAM), que vai revolucionar a história das artes cênicas. No mesmo ano, ambos dirigem *A Gaivota*, de Anton Tchékhov (1860-1904), por sugestão de Nemiróvitch-Dântchenko, que tinha um vasto conhecimento literário e tinha em Tchékhov um grande escritor. A peça já havia sido encenada em 1896, no Teatro Aleksandrínski, em São Petersburgo, com um fracasso tão bombástico que o autor proibiu uma nova montagem. Mas, depois de muita insistência, Nemiróvitch-Dântchenko conseguiu autorização para a nova montagem e *A Gaivota* se tornou o símbolo do Teatro de Arte devido ao grande sucesso.

Tchékhov

Tchékhov foi um dos dramaturgos responsáveis pelo "novo drama", onde a narrativa deixa de ter uma estrutura encadeada. Heróis e vilões dão lugar a pessoas comuns. Em vez de intrigas interpessoais aparecem conflitos existenciais. A ação que prevalece é a interior – os pensamentos, desejos e emoções das personagens se encontram no subterrâneo do texto. Tchékhov

> instaurou mudanças profundas que alteram seus paradigmas. As personagens complexas, que escapam à classificação de heróis ou vilões, a riqueza dos detalhes, das pequenas coisas da vida, que atingem uma dimensão metafórica, os finais reticentes, inacabados, que valorizam o fluxo da própria vida ante grandes acontecimentos fictícios, configuram uma poética que abriu novas possibilidades tanto para o conto quanto para o drama, a partir de fins do século XIX.[1]

A princípio, Stanislávski teve bastante dificuldade de compreender as novas propostas de Tchékhov:

> naquela época, poucos entendiam a peça de Tchékhov, que hoje se nos afigura tão simples. Ela parecia não cênica, monótona, enfadonha. O primeiro a quem Vladímir Ivânovitch passou a persuadir foi a mim, que, como os outros, achei a peça estranha depois da primeira leitura. Meus ideais literários de então continuavam bastante primitivos. Ele passou muitas

[1] P. Herreiras, *A Poética Dramática de Tchékhov*, p. 13-14.

tardes me explicando a maravilha da obra de Tchékhov. Sua habilidade para narrar o conteúdo das peças era tal que, depois de sua narração, elas ficavam interessantes.²

A dramaturgia inovadora de Tchékhov obriga Stanislávski a trilhar novos rumos. Como lhe é peculiar, ele mergulha no trabalho e se retira para o campo, a fim de elaborar o plano de direção cênica e a montagem do espetáculo. Stanislávski estabelece uma nova dinâmica de tempo, por meio de pausas e espaço, pela movimentação na cena. Surge a partitura de direção, que conta com anotações sobre a composição cênica, com o objetivo de transformar o texto literário em texto cênico, ou seja, a criação de uma estética teatral para poder expressar o conteúdo do texto na cena.

Stanislávski, com muita sensibilidade, traz ideias inovadoras e interessantes que agradam tanto a Nemiróvitch-Dântchenko quanto a Tchékhov, como atesta esta carta de Dântchenko para Stanislávski em 12 de setembro de 1898: "Sua *mise-en-scène* provou ser encantadora. Tchékhov ficou extasiado".³

No que tange ao trabalho do ator, Stanislávski relata:

> Naquela ocasião, eu pensava sinceramente que era possível ordenar aos outros viverem e sentirem segundo ordem alheia: eu dava indicações para todos os atores e todos os momentos do espetáculo, e essas indicações eram obrigatórias.⁴

Stanislávski, nessa época, não tem a necessidade de um novo tipo de ator, um ator criador. Com a própria evolução da encenação, onde o texto deixa de ser a primeira pessoa no teatro, o desejo de uma nova abordagem para a arte do ator se tornará urgente.

Stanislávski ainda obtém bastante êxito nas montagens de outras peças de Tchékhov, *Tio Vânia* (1899), *As Três Irmãs* (1901) e *Jardim*

...
2   *Minha Vida na Arte*, p. 277.
3   C.L. Takeda, *O Cotidiano de uma Lenda*, p.81.
4   *Minha Vida na Arte*, p. 278.

das *Cerejeiras* (1904), que estreia dois meses antes da morte do autor. Tchékhov ajuda a colocar o Teatro de Arte em um patamar de grande relevância no panorama teatral não só da Rússia, mas também da Europa. Em uma conferência dos quinze anos do Teatro de Arte, Stanislávski fala sobre esse parceiro fundamental:

> Tchékhov teve um papel decisivo na nossa evolução. No começo, talvez inconscientemente, fomos capazes de retratar o "fluxo interior", a alma das peças de Tchékhov, que era encoberta pelas palavras. Para Tchékhov, as personagens usam as palavras certas, mas elas não revelam suas emoções e sua vida. A 'melodia humana' está escondida atrás dessas palavras. Mas agora, que atuamos com mais sutiliza e profundidade, Tchékhov é sempre nosso dramaturgo.[5]

O encontro de Tchékhov, o fundador da linguagem dramática moderna, com Nemiróvitch-Dântchenko e Stanislávski, criadores de novos princípios teatrais, inaugura um novo sistema teatral. Com a morte de Tchékhov, abre-se no Teatro de Arte uma lacuna, que será preenchida com montagens de peças simbolistas, marcando-se assim uma nova etapa na história de sua trajetória.

Simbolismo – Maeterlinck

O movimento simbolista surgiu no final do século XIX para se contrapor à materialidade do realismo e do naturalismo.

O espírito científico que dominou sobretudo a segunda metade do século XIX se explica historicamente pelo fato de esse ter sido o momento de apogeu da Revolução Industrial, iniciada no final

---

[5] *Stanislavski's Legacy*, p. 130. Tradução da autora, assim como no caso das demais obras em língua estrangeira aqui citadas.

do século XVIII. A ciência dava explicação para a vida e o universo. Não havia espaço para a subjetividade.

Se por um lado a ciência trouxe ao homem melhorias para o bem-estar físico, por outro trouxe dor e angústia pela falta de entendimento de seu papel no universo, pois os desejos do homem eram ignorados no pragmatismo da ciência. "Entram em choque a pretensa explicação científica do mundo e a incompreensão natural da vida."[6]

O simbolismo vai refletir a inquietação da relação entre a razão (o pensamento) e a percepção (a essência). E a partir dessa relação, o simbolismo se defronta com os mistérios da vida, a passagem inexorável do tempo e, consequentemente, uma aproximação inevitável com a morte.

O drama simbolista é ausente de uma intriga lógica e, por muitas vezes, tem uma estrutura fragmentária. Procura, a partir da realidade visível, revelar o invisível da alma humana por meio de uma linguagem metafórica com alto teor poético. O conflito dramático evidente é substituído por uma intensa atmosfera de "ausência", preenchida por questões metafísicas, uma concepção mística da vida. Busca um conhecimento intuitivo e não lógico, com impressões sensíveis da realidade, a qual não se tenta explicar, mas sugerir por diversos sentidos que se ocultam além da superfície. O drama simbolista permite a penetração de um olhar mais profundo, dando ênfase à imaginação e fantasia. Sendo assim, o público passa a ser atuante na sinestesia dos estados de alma do homem.

Maurice Maeterlinck (1862-1949), poeta belga, ensaísta e místico, Prêmio Nobel de Literatura em 1911, foi um dos ícones do teatro simbolista. Para o dramaturgo, a vida é um mistério e, assim sendo, a vida interior do homem e a do universo têm muito mais valor do que a concretude da vida. Ele desejava reencontrar o sagrado nos gestos simples da vida cotidiana. Foi o poeta do indizível, do teatro estático, ou seja, a ação não se constituía no enredo dramático. Estudiosos do teatro de Maeterlinck denominam parte

---

6 E. Fraga, *O Simbolismo no Teatro Brasileiro*, p. 24.

de sua obra dramática como "teatro da espera", mais conhecido como "teatro estático", porque nela há uma ausência quase total de ação aparente e agitação exterior, dando lugar a uma angustiante impotência existencial, expressa pelos longos silêncios, que dão um efeito metafísico. A musicalidade das palavras não só promove a ação, mas também revela os estados d'alma; os diálogos conduzem para mais perto da beleza e das sublimes verdades do espírito.

Maeterlinck influenciou vários dramaturgos, entre eles Tchékhov, que o apresentou para Stanislávski e sugeriu que este encenasse uma das peças curtas do dramaturgo belga no Teatro de Arte, em 1902. Mas é somente na temporada de 1904 que Stanislávski decide seguir a sugestão de Tchékhov e monta três obras de Maeterlinck: *Os Cegos*, *A Intrusa* e *O Interior*.

Stanislávski se interessa pela imaterialidade do simbolismo. Desejava que sua arte fosse tão sublime quanto às outras artes que estavam bem difundidas como uma experiência espiritual, como a literatura, a música e as artes plásticas. A busca da vida do espírito humano passa a ter um foco importante em suas pesquisas: "É possível que a cultura nova, jovem, possa criar artistas novos, capazes de superar todas as dificuldades ligadas à materialidade do nosso corpo, em nome da criação espiritual".[7]

Stanislávski foi um dos primeiros diretores russos que se aventurou nessa nova linguagem e encontrou muitas dificuldades na montagem das peças de Maeterlinck. O conflito do drama simbolista não é bem definido e, consequentemente, as personagens também são indefinidas, como em um sonho. Encontrar um novo estilo e uma nova forma de abordagem, o que o drama simbolista exigia, não era tão fácil assim.

> O *simbolismo*, o *impressionismo* e todos os outros refinados *ismos* em artes pertencem à supraconsciência e começam onde termina o ultranatural. Mas só quando a vida espiritual

---

7 *Minha Vida na Arte*, p. 395.

e física do artista em cena desenvolve-se *naturalmente*, normalmente, pelas leis da sua própria natureza, o supraconsciente sai dos seus esconderijos.[8]

O tradutor das três peças de Maeterlinck, Constantin Balmont, encontrou-se com o autor para sugestões. Maeterlinck disse que não poderia haver discurso de declamação romântica, nem realismo total. A obra deveria ser algo que estivesse no meio, com um discurso expressivo e compreensível. Stanislávski não encontrou as ferramentas necessárias para expressar a subjetividade dos textos e disse não ter alcançado a essência do simbolismo do autor. Lançou mão de vários efeitos sonoros e muita música para preencher as lacunas da sua impossibilidade de atingir o conteúdo espiritual da obra com os atores. Ele se questiona: como transformar o não teatral em teatral? Como se comunicar com o eterno? O intangível? Ele percebe que uma nova forma de atuar se fazia necessária.

> Será que os artistas do palco estão condenados a servir e transmitir eternamente só o grosseiramente real? [...] Acaso somos apenas "vanguardistas ambulantes" na arte cênica? E o balé? [...] E os seus melhores representantes como Taglioni, Pávlona e outros? Não tinham se livrado da materialidade dos seus corpos? E os ginastas do circo que, como pássaros, voam pelos ares em trapézios? Não dá para crer que têm corpo material. Por que nós, artistas dramáticos, não podemos nos livrar da matéria e atingir a incorporeidade? Temos que procurá-la! Temos de elaborá-la em nós mesmos.[9]

A busca do novo passa a ser o grande objetivo de Stanislávski, que procura apoio na pintura e na música como ferramentas para expressar um conteúdo interior da obra. Sem sucesso. Ele não conseguiu

---

8   Ibidem, p. 299.
9   Ibidem, p. 389-390.

nenhum meio de demonstrar o que despontava de sua imaginação ou o que via nos quadros, na música e na poesia simbolista. Foi em busca de novos colaboradores para realizar suas aspirações.

Meierhold

Um desses colaboradores seria Vsévolod Meierhold (1874-1940). Um dos maiores expoentes da encenação moderna, começou sua carreira como ator. Ingressou no Teatro de Arte desde sua fundação. Devido ao grande destaque no papel de Trépliev, na montagem da peça *A Gaivota*, dirigida por Stanislávski e Nemiróvitch-Dântchenko, em 1889, Tchékhov se torna um admirador de Meierhold.

No quarto ano do Teatro de Arte, por divergências financeiras, parte para a província, onde dirige várias peças. Com seu grupo, Meierhold começa a buscar novas formas para a arte teatral. Batizada com um nome bem sugestivo, em 1903, a Confraria do Novo Drama é apresentada em abril de 1904, na revista simbolista *Viesí* (A Balança) pelo conselheiro literário do grupo, Rêmizov:

> O Novo Drama propõe um teatro situado no mesmo nível daquilo que faz ferver a filosofia e a arte, um teatro habitado por uma aspiração incoercível pela pesquisa de novas formas capazes de exprimir os mistérios eternos, o sentido de nosso ser, a significação do mundo, esse mundo que coloca o homem no mundo para aí suportar sofrimentos e desgraças crucificadoras, mas também para aí gozar de uma exaltação celeste. O teatro não é um divertimento, o teatro não é uma cópia daquilo que há de medíocre no homem, o teatro é um culto, uma liturgia sagrada cujos mistérios escondem, talvez, a Redenção... E é com tal teatro que sonha o Novo Drama.[10]

---

10 G. Abensour, *Vsévolod Meierhold*, p. 103.

A busca de Meierhold vem ao encontro dos anseios de Stanislávski. Juntos, fundam, pela primeira vez na história da arte dramática, um teatro laboratorial com o objetivo de investigar a comunicação do inefável, característico da poesia simbolista. Meierhold compartilha com Stanislávski suas ideias e o deixa bastante entusiasmado e convicto de que ele, Meierhold, seria o diretor acertado para expandir o trabalho do Teatro de Arte, que se encontrava num impasse artístico naquele momento. Necessitam de um espaço que não seja o Teatro de Arte para fazer esse trabalho experimental. Surge assim, em 1905, o Teatro-Estúdio, na rua Povarskáia, financiado por Stanislávski e com direção artística de Meierhold. Stanislávski define assim o Estúdio:

> Em poucas palavras, o *credo* do novo Estúdio limitava-se a constatar que o realismo e os costumes estavam superados e chegara o tempo do irreal no teatro. Não devíamos apresentar a vida tal qual transcorria na realidade, mas como a sentíamos vagamente em sonhos, visões e momentos de elevação suprema.[11]

Meierhold foi o responsável pela montagem de *A Morte de Tintagiles*, de Maurice Maeterlinck, que objetivava construir um discurso cênico estilizado, com valorização da forma em uma estética visual que fugisse do mundo real e encontrasse ressonância no plano metafísico. No seu plano de direção, fica evidente sua preocupação com a forma e a dicção. Os gestos devem ser lentos. Para expressar o interior da personagem no teatro estático de Maeterlinck, Meierhold se utiliza de silêncios, generosas pausas, suspensão do movimento e imobilidade. As frases eram pronunciadas com clareza e de forma neutra. A fala rápida foi suprimida, havendo uma calma épica, sem as modulações da vida cotidiana nem uma declamação carregada. Meierhold busca no trabalho vocal a sugestão de Maeterlinck nas peças curtas que Stanislávski montou e propõe uma renovação cênica.

---

11 *Minha Vida na Arte*, p. 394.

Meierhold rejeita o palco convencional para criar um espaço estreito que buscasse, antes de tudo, formar uma percepção "vertical" do espetáculo. Em vez do cenário tradicional, aparecem telas coloridas que criam a desejada atmosfera do irreal. A interpretação dos atores torna-se acentuadamente plástica e surge uma nova maneira de "leitura" do texto: leve, fria solene, não emocional e não individual. Finalmente, também a música se propõe a conferir a sensação de um "mergulho" na pura metafísica do mundo ideal.[12]

Stanislávski acompanha os ensaios por meio de relatórios que Meierhold lhe envia sistematicamente. No dia 11 de agosto, Stanislávski assiste a alguns fragmentos da montagem e fica muito animado com a criatividade de Meierhold e suas propostas inesperadas e inovadoras. Ele registra seu entusiasmo:

> Gostaria, seria somente por escrito, de dividir com o senhor minhas agradáveis impressões. O dia de ontem me trouxe uma grande alegria. Foi um belo sucesso. De uma maneira inesperada, toda a trupe do Teatro Artístico estava lá, assim como Górki e Mamôntov. Desse modo, a reunião se fazia em presença de grandes chefes! [...] *Tintagiles* elevou o entusiasmo. E eu fiquei muito feliz por Vsévolod Emílievitch.[...] O importante, em todo caso, é isso que apareceu claramente ontem: nós temos uma trupe, ou mais precisamente, há aí do que fazer uma trupe. Esta questão me atormentou todo o verão e ontem eu fiquei tranquilo. Ontem mesmo os pessimistas admiraram o sucesso e concederam ao Estúdio sua primeira vitória.[13]

O entusiasmo de Stanislávski, muito provavelmente, o levou a esperar resultados brilhantes na apresentação final, o que não

---

12 A. Cavaliere; E. Vássina, O Simbolismo no Teatro Russo nos Inícios do Século xx, em A. Cavaliere et al. (orgs.), *Tipologia do Simbolismo nas Culturas Russa e Ocidental*, p. 117-118.
13 G. Abensour, op. cit., p. 118.

aconteceu. Dia 10 de outubro de 1905 ficará marcado por uma grande frustração: é o dia do ensaio geral. Stanislávski fica indignado com que assiste. O pintor Uliánov, que também assistiu ao ensaio, nos dá um retrato:

> Em cena reina a penumbra, distinguem-se somente as personagens por sua silhueta. O cenário está vazio, não há coxias, a tela de fundo está quase ao nível da ribalta. Eis o que é novo, é de uma maneira igualmente nova que vem da cena as falas ritmadas dos atores. A ação desenvolve-se lentamente, parece que o tempo parou.
> De repente, ouve-se a voz de Stanislávski: "Luz!" O público estremece, cochicha, agita-se. Sudéikin e Sapúnov (cenógrafos) saltam de seus assentos, protestam. Voz de Stanislávski: "O público não pode suportar por muito tempo a obscuridade em cena; é antipsicológico, quer se ver o rosto dos atores!". Sudéikin e Sapúnov: "Mas o cenário foi concebido para a penumbra; iluminado, ele perde todo o seu caráter estético!" O silêncio volta; cortada pelas falas ritmadas dos atores, a cena está completamente iluminada. Mas mal restitui-se a iluminação; e todo o aspecto decorativo se evapora; é a desarmonia, a cacofonia entre pintura e silhueta das personagens. Stanislávski se levanta, o público imita-o. O ensaio é interrompido, o espetáculo não está pronto.[14]

Stanislávski conclui que existiam ideias cênicas interessantes, mas que os atores não possuíam as técnicas necessárias para expressá-las. Ele atesta:

> Mais uma vez me convenci de que entre os sonhos de um diretor de cena e sua realização há uma grande distância, de que o teatro existe em primeiro lugar e sem ele não pode

---

14 Ibidem, p. 119.

sobreviver, de que a arte nova precisa de novos atores com uma técnica completamente nova. E já que no estúdio não havia tais atores, sua triste sorte me parecia clara.[15]

Apesar de Stanislávski achar produtivo o trabalho do Teatro-Estúdio, a conturbação política da época, com greves gerais e confrontos violentos devido à Revolução de 1905, somadas à sua frustração em relação ao trabalho com os atores, encerra as portas do Estúdio da Rua Povarskáia antes mesmo de sua inauguração.

Essa experiência do Estúdio trará enormes frutos tanto para Meierhold quanto para Stanislávski. Ambos ficam obcecados por uma renovação teatral. O primeiro busca um "novo diretor" e o outro, "um novo ator".

Meierhold propõe, com *A Morte de Tintagiles*, uma composição cênica em que todos os elementos – como o trabalho dos atores, o cenário, a iluminação e as sonoridades – atuem para uma expressão vigorosa. Ele visa transformar o encenador em um criador que "longe de reproduzir a realidade no palco, busca exprimir sua própria atitude em relação a essa realidade"[16].

Na sua obra *Sobre o Teatro*, publicada em 1913, Meierhold afirma que o novo teatro nasce da literatura, particularmente da literatura simbolista, na qual a construção interior da peça é mais forte do que a exterior. Ele acredita que ela incita o encenador a desenvolver ainda mais seu papel e sua ação e a encontrar técnicas inventivas. Diz, ao mesmo tempo, que "as palavras são bordados sobre a tela do movimento"[17]. Sabemos que, para Meierhold, o jogo corporal e a justa posição do corpo no espaço, e em relação aos parceiros levam à entonação precisa da fala. Ele afirma, enfim, que o encenador deve funcionar como autor dramático quando

15 *Minha Vida na Arte*, p. 396.
16 B. Picon-Vallin, *A Arte do Teatro*, p. 16.
17 V. Meierhold apud B. Picon-Vallin, Texto Literário, Texto Cênico, Partitura do Espetáculo na Prática Teatral Russa, em A. Cavaliere; E. Vássina (orgs.), *Teatro Russo: Literatura e Espetáculo*, p. 321-322.

trabalha sobre as peças que monta, podendo portanto entrar em conflito com o autor.

Com essa montagem, Meierhold, a princípio, fica bastante descontente, mas percebe mais tarde que os erros cometidos, principalmente nas questões cenográficas que destoavam dos outros elementos cênicos, foram germes para futuras investigações. A partir dessa experiência, ele dá os primeiros passos para o seu teatro estilizado, "teatro da convenção", como ficará conhecido:

> Por "estilização", entendo não a reprodução exata do estilo desta época ou daquele acontecimento, como fazem os fotógrafos com suas fotos. O conceito de estilização está, na minha opinião, indissoluvelmente ligado à ideia de convenção, de generalização e de símbolo. "Estilizar" uma época ou um fato significa exprimir através de todos os meios de expressão a síntese interior de uma época ou de um fato, reproduzir os traços específicos ocultos de uma obra de arte.[18]

Em 1906, Meierhold encontra os meios técnicos corretos e obtém muito sucesso com a peça *Irmã Beatriz*, de Maeterlinck, no Teatro Komissarjévskaia. Na montagem, os elementos cênicos interagiram e a linguagem proposta por Meierhold encantou a plateia: "a linguagem cênica de *Irmã Beatriz* possibilitava ao espectador acrescentar, com sua própria imaginação, tudo o que era alusivo, pois, para o diretor, era precisamente esse mistério e o desejo de vivenciá-lo o que atraía tantas pessoas ao teatro"[19].

Meierhold viria a ser nada mais, nada menos do que um dos maiores encenadores do século XX. Isso se deve muito à sua obstinação em encontrar meios adequados para suas aspirações cênicas.

---

18 Apud A. Cavaliere; E. Vássina, op. cit., p. 125.
19 A. Cavaliere; E. Vássina, op. cit., p. 123

Um Novo Ator

Para Stanislávski, o Estúdio foi a prova indispensável que ele precisava para compreender a necessidade de criar novas técnicas para o trabalho do ator. Seu sistema viria emergir a partir dessa experiência, sobre a qual ele relata, em 1908, nos dez anos do Teatro de Arte: "Quando as perspectivas artísticas ficaram nubladas, o Estúdio nasceu. Ele morreu, mas tudo o que o nosso teatro encontrou no seu futuro estava entre suas ruínas."[20]

Em 1906, Stanislávski passa por uma grande crise artística e viaja de férias para a Finlândia, com o objetivo de refletir sobre seu trabalho como ator e diretor. Encontra-se insatisfeito com os resultados obtidos nas montagens simbolistas. Ele relata esse momento de sua vida da seguinte forma:

> A morte de Tchékhov arrancou do teatro um grande pedaço do seu coração. […] Ademais, a insatisfação e o temor depois do fracasso com as peças de Maeterlinck, a liquidação do Estúdio da Rua Povarskáia, o descontentamento comigo mesmo como artista, a absoluta falta de clareza quanto aos rumos a seguir, tudo isso tirava o sossego, me privava da fé de mim mesmo e me transformava num boneco de madeira, sem vida, no palco.[21]

A viagem à Finlândia é uma espécie de retiro para fazer uma retrospectiva dos seus mais de vinte anos de atividade artística, organizar e ordenar suas ideias, obtendo respostas para encontrar um novo rumo. Ele analisa seus processos de criação dirigidos e atuados, relê as anotações de seus diários e, com isso, vai ficando cada vez mais claro "que o conteúdo interior que punha nos papéis

---

20 R. Gauss, *Lear's Daughters*, p. 24
21 *Minha Vida na Arte*, p. 407.

na sua primeira criação e a forma exterior em que estes degeneravam, com o tempo, distavam entre si como o céu e a terra"[22].

Stanislávski percebe que atuar não pode mais ser pensado como imitação, e sim como um processo de construção. Ele reflete sobre sua atuação: "imitava as manifestações externas das vivências e ações, mas sem experimentar a própria vivência, nem a necessidade autêntica de qualquer ação"[23]. Era necessária a criação e a expressão de uma vida interior, uma sensação de ser, de viver o papel. Começa, assim, uma busca de uma técnica para instaurar o estado criativo, "na qual a inspiração nos vem à alma com mais frequência e vontade"[24].

Assim, Stanislávski começa a germinar o seu futuro sistema, colocando no papel suas novas ideias para um processo criativo do ator, a sua técnica interior, como mostra Maria Lílina, sua esposa e uma das principais atrizes do Teatro de Arte, numa carta que enviou para Olga Knípper-Tchékhova[25] no dia 3 de junho de 1906:

> Ele [Stanislávski] está feliz, acha que o ar do norte e o clima combinam com ele; está acostumando-se com isso. Mas, entre nós, passamos nosso tempo de maneira muito estranha; ele não faz caminhadas nem natação e toma pouco ar: fica em uma sala sentado na penumbra, escrevendo e fumando o dia todo. Escreve, ao que parece, coisas interessantes, sob o título: *Um Rascunho – Manual de Arte Dramática*.
> Sou muito rigorosa em minhas opiniões sobre os escritos dele e muito dura, mas do que ele me leu das anotações eu gostei.[26]

∎∎∎
22 Ibidem, p. 408.
23 Ibidem, p. 409.
24 Ibidem, p. 412
25 Foi, desde o início da fundação do Teatro de Arte de Moscou, em 1898, uma das mais importantes atrizes da companhia. Atuou em todas as encenações das peças de Anton Tchékhov, com quem se casou em 1901.
26 C.L. Takeda, op. cit., p. 305.

Sulerjítski

Depois dessa viagem, Stanislávski – com a grande colaboração de Sulerjítski, um parceiro de suma importância que o estimulou a continuar na busca da poética simbolista – começa a dar os primeiros passos para a elaboração do sistema.

Leopold Sulerjítski (1872-1916), homem de muitas aptidões, pintor, cantor, bailarino e autor de contos, teve uma vida com experiências múltiplas. Viajou muito, trabalhou como pescador, pintor de paredes, no campo, e foi internado em um manicômio por se negar a cumprir o serviço militar. Era muito respeitado por Tchékhov, Górki e Tolstói, para quem trabalhou e exerceu grande influência na sua formação artística e espiritual, no que tange ao convívio comunitário sem autoridades impositivas e à busca pela simplicidade e pureza genuínas do indivíduo. Foi também Tolstói quem o incumbiu de transferir o grupo religioso Dukhobors (Lutadores de Deus), seita que não aceitava o ritual e os dogmas da Igreja Ortodoxa, do sul da Rússia para o Canadá.

Suler, como era chamado, teve papel fundamental na construção da trajetória de Stanislávski. Trabalharam juntos por onze anos, até a sua morte. Ele começa como colaborador do Teatro de Arte, exercendo tarefas diversas, desde pintar um cenário e costurar figurinos a repassar o papel com alguém. Trabalhou, em 1905, na encenação de *Ievguêni Oniéguin* no Estúdio da Rua Povárskaia. Entra definitivamente para o TAM em 1906, e seu salário viria do bolso de Stanislávski, uma vez que Nemiróvitch-Dântchenko não concordava com sua entrada para o Teatro de Arte.

Sulerjítski acreditava nas teorias de Stanislávski e tinha conhecimento da espiritualidade do extremo Oriente. Ele teve uma importância preponderante na construção de uma ética para o teatro baseado nos preceitos de Tolstói e no desenvolvimento do sistema.

A montagem de *O Drama da Vida*, de Knut Hamsun[27], em 1907, com assistência de Sulerjítski, foi a primeira tentativa de aplicar sua técnica interior, que consistia em encontrar a verdade dos sentimentos em si mesmo, através da concentração, comunicação, imaginação e relaxamento muscular, a fim de obter um estado criador. A imobilidade física foi o meio que Stanislávski encontrou para a expressão da vida interior do papel. No entanto, não obteve bons resultados nem com os atores nem consigo mesmo. Stanislávski relata:

> Eu pensava que a ausência de gestos me faria incorpóreo e me ajudaria a aplicar integralmente minha energia e minha atenção à vida interior da personagem. Mas, na realidade, a ausência forçada de gestos, não justificada dentro de mim mesmo, assim como a atenção dirigida por comando para dentro de mim mesmo, geraram uma fortíssima tensão e até paralisia do corpo e da alma. E as consequências são compreensíveis por si mesmas: a violência sobre a natureza, como sempre, assustou o sentimento, provocando clichês mecânicos e decorados, estado de ânimo de ator, a saída artesanal. Eu violentava meu ser tentando arrancar a paixão imaginária, o temperamento, a autoinspiração, mas na realidade apenas sobrecarregava os músculos, a garganta, a respiração.[28]

Stanislávski percebe que o estado criador necessita virar a segunda natureza do ator, ou seja, um treinamento sistemático. O estado criador só se estabeleceria por meio de um processo que deveria ser estimulado a partir da vontade. Em dezembro de 1907, esboça vários pontos de um capítulo em suas anotações sobre a importância da vontade criativa:

---

27 Romancista, dramaturgo e poeta norueguês, foi um dos fundadores da ficção modernista. Seu romance autobiográfico *Fome* marca o surgimento do neorromantismo na Noruega. Recebeu o Prêmio Nobel de Literatura em 1920 com o romance *O Cultivo da Terra*, considerado por muitos sua obra-prima.
28 *Minha Vida na Arte*, p. 423

A natureza da vontade [vólia].
A inseparabilidade da vontade e de outras capacidades criativas. A conexão natural entre elas.
O poder da vontade.
As propriedades da vontade.[29]

Isadora Duncan

Ainda em 1907, Stanislávski encontra novos estímulos para suas ideias com a bailarina Isadora Duncan, que se apresentou no Teatro de Arte. Considerada a fundadora do balé moderno, tinha proposta de dança completamente diferente da usual, com movimentos improvisados, inspirados nos movimentos da natureza, como vento e plantas. Ela acreditava que o movimento partia de dentro do ser e passava longos períodos no seu estúdio em busca da dança que poderia ser a divina expressão do espírito humano por meio do movimento do corpo.

Stanilávski fica fascinado com sua dança. "A senhora abalou meus princípios. Desde sua partida, tenho tentado descobrir em minha própria arte as coisas que a senhora criou na sua. Isto é, algo belo, simples, como a própria natureza."[30]

E Isadora, impressionada com o trabalho de Stanislávski, diz em carta para Gordon Craig, que o acha belo, genial e simples[31]. Os dois compartilham o mesmo pensamento artístico, como expõe Stanislávski, citando um desabafo de Isadora ao falar de quando as pessoas a visitavam no camarim antes da apresentação, impedindo-na de se preparar para a dança:

...

29 I. Vinográdskaia, *Jizn I Tvortchestvo K.S.Stanislávskogo*, p. 101
30 C.L. Takeda, op. cit., p. 317.
31 Ibidem, p. 314.

Não posso dançar assim. Antes de entrar em cena tenho que colocar no meu espírito algum motor; este começa a trabalhar dentro de mim e as pernas, os braços e todo o corpo entram em movimento independentemente da minha vontade. E se não me dão tempo para colocar o motor na alma, não posso dançar.[32]

E Stanislávski pontua:

> Era justamente o tempo em que eu andava procurando esse motor criador, que cada ator deve saber colocar na sua alma antes de entrar em cena. É claro que, ao examinar essa questão, eu observava Isadora durante suas danças, ensaios e pesquisas, quando o sentimento que nascia nela mudava inicialmente a expressão do rosto, e depois, com os olhos brilhantes, passava a revelar o que se revelava na sua alma. Resumindo todas as nossas conversas fortuitas sobre arte, comparando o que ela dizia com o que eu mesmo fazia, dei-me conta de que nós dois estávamos procurando a mesma coisa, só que em diferentes campos da arte.[33]

Isadora colabora na montagem de O *Pássaro Azul*, de Maeterlinck, em 1908, com conceitos de expressão física e movimentos cênicos que poderiam ajudar a liberar uma energia pessoal. Chegam até a cogitar a ideia de abrir uma escola ligada ao teatro.

Nos ensaios de O *Pássaro Azul*, Stanislávski coloca em prática, com a ajuda de Sulerjítski, suas ideias sobre vontade criativa. A necessidade de criar poderia ser estimulada pela descoberta das motivações. Se o ator soubesse por que estava realizando determinada ação, sua vontade de realizar poderia surgir. Ele define a noção do que iria ficar conhecido depois como tarefa ou objetivo. Porém, naquele momento, os atores só conseguiam realizar as indicações da

---

32 *Minha Vida na Arte*, p. 452.
33 Ibidem.

direção, como relata Stanislávski. "Eu sou o único que está pensando em alguma coisa, tenho que estimular a vontade de cada um dos atores. Estou vivendo por todos, aqui sentado atrás da minha mesa."[34]

Gordon Craig

Isadora Duncan, além de incorporar as ideias de Stanilávski, apresenta a ele o talentoso ator e diretor irlandês Gordon Craig (1872-1966), com quem fora casada. Um renovador da concepção cenográfica que apreciava, e muito, a estética simbolista. "O Simbolismo é a origem de qualquer arte, mas é também a própria fonte de toda a vida; só com a ajuda de símbolos a vida nos é possível, e não deixamos de recorrer a eles."[35]

O que une esses dois homens é o desejo de ambos de renovar. Craig, admirado com a qualidade artística do Teatro de Arte, fica feliz em encontrar um lugar que realiza um teatro sério. Stanislávski, que desejava novos estímulos, encontra em Craig a pessoa certa para dar um ar mais fresco, algum movimento ao Teatro de Arte com seu espírito reformador. Stanislávski reconhecia a genialidade de Craig e profetizava "que as ideias teatrais de Gordon Craig serão assimiladas somente meio século mais tarde, que o teatro ainda deve crescer para chegar até elas"[36].

Em janeiro de 1909, decide-se que Craig será responsável pela concepção do espetáculo da peça *Hamlet*, de Shakespeare, e Stanislávski, pelo comando do trabalho com os atores. Imediatamente Craig começa a trabalhar e discute com Stanislávski seus planos para *Hamlet*. Eles passam toda a peça, cena por cena. A encenação

---

[34] J. Benedetti, *Moscow Art Theatre Letters*, p. 178.
[35] F. Vianna, *O Figurino Teatral e as Renovações do Século XX*, p. 41.
[36] B. Zinguerman, As Inestimáveis Lições de Stanislávski, em A. Cavaliere; E. Vássina (orgs.), op. cit., p. 19.

é facilmente acordada entre eles. Stanislávski achava que tudo o que Craig fazia era lindo e, como ele, buscava a essência da simplicidade.

Tanto Craig quanto Stanislávski odiavam as decorações teatrais – o ator necessitava, para eles, de um fundo cênico mais simples, capaz de produzir uma infinidade de estados emocionais através da combinação de linhas, manchas luminosas, cores e formas. Na concepção de ambos, o texto deveria ir além das palavras decoradas para fazer parte do conjunto teatral. Esse seria um conjunto visual e auditivo, cujas partes são indissociáveis: o ator dialoga com o meio que o cerca, que por sua vez está em completa harmonia com a música. Dois elementos são fundamentais: a luz e a cor, que passam a jogar dramaticamente com o todo.[37]

Em relação à interpretação e à aborgem do texto, eles tiveram várias divergências, pois tinham visões diferentes das personagens. Stanislávski deixa claro que não importa o quanto de abstração ou simbolismo Craig usará, pois intenciona aplicar seu novo sistema com os atores, para não correr o risco de eles caírem no velho modo de interpretação. A discussão entre eles vai até junho de 1909, quando Stanislávski se afasta para se concentrar na montagem de *Um Mês no Campo*, de Ivan Turguêniev.

Voltam a se encontrar em fevereiro de 1910 para trabalhar a peça junto à companhia. Em agosto, Stanislávski fica doente. Ele só retornaria em abril de 1911 para finalizar o espetáculo, sem Craig, que havia renunciado ao trabalho. A estreia se deu no final do mesmo ano. Apesar de esses dois homens de personalidades artísticas marcantes terem uma relação bastante conflituosa, o processo de criação foi de grande contribuição para o Teatro de Arte.

A síntese e o diálogo estéticos que se operam entre as ideias de Gordon Craig e do mestre russo [Stanislávski], embora não

---
37 F. Viana, op. cit., p. 49.

isentos de conflitos e desacordos, fundavam, com Meierhold e todo o teatro russo de vanguarda, as bases para a estruturação do símbolo moderno e da linguagem simbólica na cena russa de vanguarda e levariam o teatro de Stanislávski, ainda uma vez, a lançar sementes que fariam germinar o fenômeno estético do teatro moderno e contemporâneo.[38]

Stanislávski colocou um grande foco na investigação da estética simbolista. Ele tinha o profundo desejo de encontrar meios para expressar o irreal.

Criara-se a opinião, impossível de refutar, segundo a qual o nosso teatro era realista, nós só nos interessaríamos pelo gênero de costumes e que todo o abstrato, o irreal, nos seria inútil e inacessível.

Na realidade, a questão era totalmente diferente. Naquele tempo, eu me interessava, no teatro quase exclusivamente pelo irreal e procurava os meios, formas e técnicas para sua realização cênica.[39]

É justamente por meio dessa investigação que seu teatro vai sofrer grandes modificações, tanto na encenação como no trabalho com os atores, o que vai impulsionar o surgimento do sistema. A montagem de *Um Mês no Campo*, em 1909, está associada às suas experiências no simbolismo. Ela representa uma composição de suas descobertas, desde seu aprendizado com a dramaturgia de Tchékhov à montagem das peças curtas de Maeterlinck, em 1904, além da experiência com Meierhold no Estúdio, em 1905, e o encontro com novos parceiros. Esses experimentos foram fundamentais no seu percurso artístico.

...

38 A. Cavaliere; E. Vássina, op. cit., p. 141
39 *Minha Vida na Arte*, p. 436.

Um Mês no Campo – O Texto

> *Sem autenticidade, sem educação, sem liberdade no seu significado mais amplo – a relação consigo mesmo, com as próprias ideias preconcebidas, até mesmo com o próprio povo e com a própria história – não se pode imaginar um artista verdadeiro, sem este ar não é possível respirar.*
> I. TURGUÊNIEV

Um *Mês no Campo* é uma comédia em cinco atos. A ação se passa na propriedade rural de Isláiev, por volta de 1840. O primeiro, o terceiro e o quinto atos se passam na sala. O segundo se passa no jardim e o quarto, num grande alpendre abandonado. Há um dia de intervalo entre os atos I e II, II e III, IV e V. As personagens são:

ARKÁDI SERGUÊIEVITCH ISLÁIEV, rico proprietário de terras, 36 anos
NATÁLIA PETROVNA, sua esposa, 29 anos
KÓLIA, seu filho, 10 anos
VÉROTCHKA (Vera), jovem que vive na casa sob a tutela de Natália, 17 anos

ANA SEMIÓNOVNA ISLÁIEVA, mãe de Isláiev, 58 anos
LISAVETA BOGDÁNOVNA, dama de companhia, 37 anos
ADAM IVÂNOVITCH SCHAAF, preceptor alemão, 45 anos
MIKHAIL ALEXÂNDROVITCH RAKÍTIN, amigo da família, 30 anos
ALEXEI NIKOLÁIEVITCH BELIÁIEV, estudante, preceptor de Kólia, 21 anos
AFANÁSSI IVÂNOVITCH BOLCHINTSOV, vizinho, 45 anos
IGNÁTIILITCH CHPIGUÉLSKI, médico, 40 anos
KÁTIA, empregada, 20 anos
MATVEI, empregado, 40 anos

Um Mês no Campo é a sétima peça de Turguêniev, e considerada a mais substancial das dez que finalizou. Quando foi editada pela primeira vez, ele já era um romancista de grande reconhecimento, tanto na Europa quanto na Rússia, porém a peça teve pouca repercussão devido a sua dramaturgia singular, por propor um estudo psicológico minucioso das personagens, elemento característico da prosa russa e não do drama. Vários críticos acreditavam que a peça, repleta de nuances sutis, teria sido feita para ser lida, não encenada, por ter poucas ações e movimentos, aspectos essenciais para a composição de uma obra dramática.

Turguêniev lançou com esta peça os primeiros germes do que viria a se chamar "novo drama", que é a interiorização dos conflitos e a criação de atmosferas, e que seria, mais tarde, radicalizado por Anton Tchékhov, um dos maiores autores do gênero. Assim como as de Tchékhov, as personagens de Turguêniev são como pessoas reais, que poderiam estar entre nossos amigos e se comportam de forma extremamente convincente.

Esta peça só recebeu seu devido valor depois da montagem do Teatro de Arte de Moscou, dirigida por Constantin Stanislávski em 1909. Não ficou apenas no repertório russo, ganhando projeção internacional. E segundo o pesquisador de literatura russa A.V. Knowles, Stanislávski, além de fazer com que a peça ficasse famosa, estabeleceu uma interpretação que é geralmente usada nos dias de hoje, pelo menos fora do seu país de origem. *Um Mês no Campo* teve várias montagens pelo mundo, com bastante sucesso nos EUA, Canadá, França e na Espanha, em uma das mais recentes montagens, em 2011. A peça se tornou especialmente popular nos palcos britânicos, onde foi montada diversas vezes, em 1943, 1949 e 1965, com Ingrid Bergman no papel de Natália, e em 1979, 1981, 1994 e 2010, em uma adaptação de Brian Friel e direção de Jonathan Kent, com bastante repercussão da crítica. Essa popularidade da peça se dá porque ela traz consigo questões eternas da existência humana:

> quanto mais o tema for importante e de um interesse durável, mais a vitalidade da obra será assegurada. Repelindo assim os limites da atualidade, podemos chegar aos interesses universais (os problemas de amor, da morte), que, no fundo, permanecem os mesmos ao longo de toda a história humana[1].

Um Mês no Campo é uma peça de amor e paixões reprimidas, que revelam as frustrações e a passividade das personagens em nome de uma sociedade aristocrática em decomposição. A impotência gera sentimentos contraditórios, causando uma atmosfera agonizante diante de um cenário tranquilo do campo. É um mergulho profundo na psicologia humana, composta com muita habilidade por Ivan Turguêniev.

O Autor

Ivan Turguêniev, grande romancista e dramaturgo, é considerado um dos autores russos mais importantes do século XIX, ao lado de Lev Tolstói e Fiódor Dostoiévski, além de ser o primeiro escritor

---

[1] B. Tomachevski, Temática, em B. Eikhenbaum et al., *Teoria da Literatura*, p. 171.

russo a ganhar notoriedade internacional. O seu romance *Pais e Filhos* é uma das obras-primas da ficção russa do século XIX. Turguêniev nasceu em uma família abastada de proprietários rurais em 28 de outubro de 1818. Foi vítima de frequentes maus--tratos por parte de sua mãe, dominadora, de porte arrogante e maneiras agressivas. Desde sua infância, sentia as injustiças dos castigos contra os camponeses, que estavam condenados à servidão por toda a vida, e desejava lutar pela libertação deles na Rússia. Em 1827, a família muda-se para Moscou. E em 1833, com quinze anos de idade, o futuro escritor ingressa na Universidade de Moscou como estudante de literatura russa e filosofia, mas logo é transferido para a Universidade de São Petersburgo. Turguêniev começa a escrever seus primeiros poemas na adolescência. Aos dezenove anos, publica sua primeira coletânea de poemas. Em seguida, parte para a Alemanha, com o objetivo de prosseguir seus estudos na Universidade de Berlim.

Encantado com a sociedade alemã, regressa à Rússia em 1841, com o propósito de aproximar seu país do Ocidente. Em 1843, chama a atenção da crítica com seu primeiro livro, *Paracha*. No mesmo ano, ele conhece o grande amor de sua vida, uma cantora de ópera francesa, casada, chamada Pauline Garcia Viardot. Turguêniev sedimenta sua reputação como escritor com a gradual publicação de contos na revista *Sovremiénnik* (*O Contemporâneo*), escritos desde 1847 e reunidos, em 1852, na obra intitulada *Memórias de um Caçador*. Depois da publicação dessa obra, no mesmo ano, ele foi preso. Solto dois meses depois, ficou exilado por dois anos. Turguêniev acreditava que o motivo de sua prisão fora essa obra, que, com a reunião dos contos em uma única edição, tornou evidente o horror que constituía a servidão, sobressaltando sua injustiça e estupidez, que nos contos, separadamente, não haviam ficado tão evidentes. Mas a versão oficial de sua prisão foi o fato de ele ter escrito, em uma homenagem póstuma a Nicolai Gógol, a seguinte frase: "Ele está morto, esse homem a quem temos o direito, outorgado por sua morte, de chamar 'grande'."

"Grande", entendia Nicolau I, só podia ser ele, o tsar. Depois de ter passado pela prisão e pelo exílio, Turguêniev nunca mais voltou a tratar dos problemas da servidão. A consciência da própria fraqueza passaria a ser um traço característico de suas personagens masculinas. O romance *Rúdin* (1856) é um deles. Um homem que sonha proezas fantásticas e nada realiza: muita teoria e pouca ação.

Turguêniev, no mesmo ano da publicação de *Rúdin*, deixa a Rússia e estabelece moradia na França, onde escreve diversas novelas curtas, como *Ninho de Fidalgos* (1858), *A Véspera* e *Primeiro Amor* (1860). Sua obra-prima, o romance *Pais e Filhos*, escrito entre 1860 e 1862 – período de acontecimentos importantes na Rússia, como o fim da servidão em 3 de março de 1861 –, relata o conflito de um estudante de medicina, Ievguêni Bazárov, que recusa tanto o conservadorismo das gerações mais velhas como o radicalismo da juventude. Turguêniev chama o protagonista de "niilista", cunhando assim o termo. A obra deu origem a controvérsias, o que fez com que o autor preferisse partir para a Alemanha em 1863, fixando-se em Baden-Baden, onde escreveu o romance *Fumaça* (1867), desabafo de um homem cansado e descontente.

Com a Guerra Franco-Prussiana, em 1870, o autor se muda para Bougival, nos arredores de Paris, e ali escreve seu último livro, *Terras Virgens* (1876). Turguêniev morre na França, em 1883, e está enterrado no Cemitério de Volkov, em São Petersburgo. Conheceu grandes autores quando morou na França, como George Sand, Gustave Flaubert, Émile Zola e Henry James, o que certamente contribuiu para que se tornasse o primeiro escritor russo a celebrizar-se na Europa ocidental.

A Peça[2]

Um Mês no Campo foi escrita entre 1849 e 1850 em Paris, quando Turguêniev tinha 32 anos, com o nome de *O Estudante*. A peça é focada na personagem de Beliáiev, o estudante *raznotchínets* (de origem não nobre), um jovem modesto, tímido, mas com muita vitalidade e espírito libertário. Apesar de o manuscrito da peça ter tido uma recepção calorosa nos salões de São Petersburgo, quando enviada para publicação na revista *Sovremiénnik* (*O Contemporâneo*), em maio de 1850, a censura, muito rigorosa na época, proibiu a sua publicação, muito provavelmente por uma ênfase na leitura social da peça, na figura de Beliáiev.

Quatro anos depois, com o desejo de publicar a obra, Turguêniev fez um trabalho de reelaboração do texto. Tendo em vista a censura, ele tentou ocultar o máximo possível o papel de Beliáiev. Com isso, a problemática social do texto dá vazão a questões psicológicas, em que prevalece a rivalidade entre duas mulheres no amor. Com esse novo enfoque, Turguêniev muda o nome da peça para *Duas Mulheres*. A censura novamente proíbe a obra.

A primeira publicação acontece em 1855, quando o texto é uma reelaboração do inicial, já com o título de *Um Mês no Campo,* pois a denominação *Duas Mulheres* não correspondia às expectativas de Turguêniev. Mas, por exigência da censura, a protagonista é transformada de mulher casada em viúva. A censura também corta uma série de observações rudes sobre a nobreza.

Em 1869, quando a censura se mostra mais liberal, Turguêniev faz sua última redação do texto, com base na primeira, de 1850. *Um Mês no Campo* tem um caráter autobiográfico, como afirmaria Turguêniev anos mais tarde para a atriz Maria Sávina, do Teatro Aleksandrínski. Segundo a atriz, a personagem Natália Petrovna,

...
2   Os trechos da peça aqui mencionados foram traduzidos diretamente do russo pela autora, com a colaboração da professora Tatiana Larkina. Fonte: Biblioteca Virtual Mashkova. I.S. Turgueinev, *Mesiats v Derevnie;* disponível em: <http://az.lib.ru/>.

de fato, existiu. Turguêniev lhe mostrou um retrato da pessoa que o inspirou em Spásskoie, onde o autor nasceu. Ele ainda lhe disse: "Rakítin sou eu. Nos meus romances, sempre me represento como um amante desafortunado."[3] Realmente, a situação desagradável da personagem Rakítin se assemelha em alguns aspectos à situação de Turguêniev na primavera de 1850.

Rakítin está apaixonado por Natália Petrovna, cujo marido é seu amigo íntimo. Turguêniev era apaixonado por Pauline Viardot e tinha uma relação muito próxima com seu marido, Louis Viardot, assim com Rakítin e Isláiev, marido de Natália.

Rakítin viveu os últimos quatro anos na propriedade rural de Isláiev, na companhia de Natália Petrovna, dando uma atenção devotada e constante a essa caprichosa senhora. Durante uma ausência temporária, Natália contrata um jovem estudante, Beliáiev, para ser tutor de seu filho Kólia, de dez anos. Quando Rakítin retorna, percebe uma mudança em Natália. Logo descobrirá que ela se apaixonou por um estudante vulgar e de classe social inferior.

Vera, jovem de 17 anos, protegida de Natália, também se apaixona por Beliáiev, instalando-se com isso uma rivalidade entre as mulheres. Quando tentava confortá-la de sua paixão desesperadora, Rakítin é pego pelo marido de Natália com ela em seus braços. Ele é, então, forçado a dar uma explicação sobre seus sentimentos e decide partir.

O estudante, de certa forma, confuso com as duas mulheres apaixonadas por ele, também decide ir embora. Por fim, Vera resolve aceitar o pedido de casamento de Bolchintsov, rico vizinho, de aparência grotesca e bem mais velho do que ela.

A rivalidade dessas duas mulheres foi inspirada na peça de Honoré de Balzac, *La Marâtre (A Madrasta)*, o que levou Turguêniev a dar o segundo título para a peça. Turguêniev escreveu *Um Mês no Campo* depois de assistir à peça de Balzac, na primavera de 1848, em Paris. O destacado estudioso de literatura russa Leonid Grossman afirma

---

3   I.S. Turguêniev. *Polnoe Sobranie Sotchiniênii i Pismem*, p. 406.

que, no esquema mais específico das duas peças, as personagens principais correspondem exatamente umas às outras; além de desempenharem um papel muito semelhante. Segundo Grossman, é possível fazer claramente a relação, pois o esquema das duas peças consiste no seguinte: uma jovem senhora se transforma em rival de uma jovem (que em Balzac é a enteada e em Turguêniev é uma agregada da casa – uma protegida de Natália) e as duas disputam o amor de um jovem que trabalha na casa delas.

Nas duas peças, a mulher apaixonada, com o objetivo de derrotar a rival, tenta dá-la em casamento a um pretendente que não tem nada a ver com ela. E nesse plano de casamento, assim como no desenvolvimento das relações das personagens principais em geral, toma parte um médico intrometido, que observa tudo que acontece. O esquema do enredo é, portanto, o mesmo da peça de Balzac, e esse detalhe era amplamente conhecido na Rússia. Mas, ao utilizar o esquema de *A Madrasta*, Turguêniev dá a seu drama outro sentido, que pouco tem em comum com o de Balzac e, principalmente, é livre do elemento melodramático que caracteriza a obra do escritor francês[4].

A publicação de *Um Mês no Campo* teve uma recepção bastante fria por parte dos críticos literários da época. Os poucos que lhe deram atenção a consideraram uma obra de alto teor psicológico e com diálogos muito extensos e elaborados em sua composição. Ánnenkov, crítico que escreveu sobre a peça no mesmo número da revista *Sovremiénnik* (*O Contemporâneo*) em que ela foi publicada disse: "Onde há no conto a presença do fato psicológico e o desenvolvimento fiel dele, há também um pensamento profundo e verdadeiro."

O crítico da revista *Bibliotiekadliá Tchtiêniia* (Biblioteca Para Leitura) responde:

> Na nova comédia, ou, como se exprimiu o autor do texto, "uma novela em forma dramática", as características do fato

---

[4] L. Grossman, *Teatr Turgueneva*, p. 70.

psicológico são, sem dúvida, evidentes, mas reconheçamos, com nossa falta de perspicácia, que o humor, o elemento poético e – o mais importante – o pensamento profundo e verdadeiro estão tão sutilmente espalhados pelas páginas da peça que, para nós, passam despercebidos.[5]

O artigo da revista *Otetchestviennie Zapiski* (Notas da Pátria) disse que a peça de Turguêniev

> Não conseguiu tanta popularidade entre a maioria dos leitores, como outras obras do autor, porque o interesse dela é puramente psicológico; e para avaliar seus traços sutis, em toda sua verdade, como são representados nela o jogo de emoções inumeráveis do ser humano moral, é preciso ter, além de uma inclinação pessoal, também uma capacidade própria para a observação das nuances espirituais.[6]

Essa observação da peça é captada por Stanislávski, que diz que *Um Mês no Campo* "se baseia nos meandros mais delicados das emoções amorosas"[7]. E é justamente essa sutileza da composição dramatúrgica de Turguêniev que Stanislávski iria valorizar em sua montagem. Para ele, a sutil renda amorosa foi tecida de forma magistral pelo autor e essas "nuances espirituais" dão um caráter simbólico para a obra de Turguêniev. É justamente isso que interessaria a Stanislávski.

Turguêniev combina sua desenvoltura de retratista com a habilidade de esboçar as mudanças e as emoções, frequentemente conflitantes, que afligem homens e mulheres apaixonados. Com extrema sensibilidade na linguagem e por meio de diálogos habilmente escritos, Turguêniev descreve o mal que acomete os relacionamentos: a exaltação e as dúvidas, o ciúme, as esperanças e

---

5 I. Turguêniev, op. cit., p. 406.
6 Ibidem, p. 416.
7 *Minha Vida na Arte*, p. 443.

os medos, as elevações e quedas na intensidade emocional, e a alteração dos modelos de amor e ódio entre as personagens.

O elemento psicológico de *Um Mês no Campo*, de fato, é uma característica preponderante da obra, porém, o elemento social também se faz importante. Traz uma reflexão dos pensamentos característicos de Turguêniev no final dos anos 1840 e início dos anos 1850. O autor reflete o "homem supérfluo", que é apresentado como uma figura que pertence à nobreza, independente, cativante, um intelectual liberal, com os mais elevados princípios morais, mas completamente inativo. Ele é incapaz de lutar pelo que quer que seja e não só pelos seus ideais de justiça e liberdade, mas até mesmo pelo amor de uma mulher. A pesquisadora de literatura Maria de Fátima Bianchi descreve esse homem supérfluo:

> Que fazia parte da pequena minoria de homens cultos e moralmente sensíveis que, incapazes de encontrar um lugar na sociedade para desenvolver suas potencialidades, se fechavam em si mesmos, refugiando-se em fantasias e ilusões, ou no ceticismo e desespero.[8]

Na peça, o tipo de homem supérfluo é representado por Rakítin, um amigo da casa que nutre um amor resignado por Natália. Turguêniev reflete também sobre o novo herói, o jovem *raznotchínets*, representado por Beliáiev, estudante do Departamento de Política da Universidade de Moscou.

Esse novo herói é um "homem de ação" e foi concebido pela primeira vez na figura de Bazárov, na obra *Pais e Filhos*. A personagem significou uma virada admirável na literatura russa, na segunda metade do século XIX, ao suplantar definitivamente o homem supérfluo do cenário político. Tal mudança também ocorreu na vida real. Sendo assim, *Um Mês no Campo* e a composição da personagem de Beliáiev expressam uma etapa fundamental no desenvolvimento da obra de Turguêniev e na composição de *Pais e Filhos*.

---

8 O *"Sonhador"* de A Senhoria, de Dostoiévski, p. 110.

Mediante um conflito amoroso, Turguêniev coloca em evidência não só a força como a verdadeira índole de três caracteres sociais: Rakítin, o intelectual nobre liberal, protótipo do homem supérfluo; Isláiev, que representa uma camada mais ampla da nobreza, o homem de negócios, o latifundiário; e Beliáiev, um estudante *raznotchínets*.

Redigida de forma lírica e posta entre os encantos nostálgicos de uma classe nobre decadente, a peça confronta dois grupos sociais. De um lado, estão os mais velhos e obsoletos. Uma nobreza sem propósitos, como Natália, Rakítin e Bolchintsov, que passa seus dias desocupada, em busca da felicidade no amor, mas no final é condenada à frustração. De outro lado, a jovem, ambiciosa, idealista, esperançosa e trabalhadora parcela social, a de Vera, Beliáiev e dos criados, para os quais os dias estão por alvorecer. O grande observador, porém desiludido, Chpiguélski, o médico da família, expressa explicitamente suas críticas da ordem vigente quase que com um prazer perverso. Ele percebe a estupidez dos latifundiários e o declínio na economia rural, ataca os aristocratas de forma bastante irônica e descreve as condições pouco favoráveis de sua infância, que não mudaram desde então.

> Chpiguélski: Se eu não precisasse dessas pessoas, eu nem olharia na cara delas. Cada vez que posso, se não há grande perigo, eu debocho dessa gente. Além do mais, não tenho mais ilusões e sei que toda essa gente bem que tem necessidade de mim a cada momento e que sem mim se chateia, consideram-se no direito de me desprezar [...] Eu conheço muito bem, eu conheço essas granfinas. Elas sorriem para você, te lançam um olhar todo meloso, mas, na cara, o que é que está escarrado? O áscuo [...] Elas acham que só porque se lavam com água-de-colônia, falam com a maior displicência, deixando as palavras caírem da boca só para você abaixar e pegar. Pensam que são intocáveis! Absurdo! São meras mortais, umas grandíssimas pecadoras. Como

todos nós [...] A vida não me mimou muito. Não tenho muitos talentos. Estudei como pude. Como médico, não valho lá grande coisa [...] A senhora também não nasceu em berço de ouro, mas mesmo assim, não pode imaginar, meu bem, o que é uma abundante, verdadeira, persistente e autêntica miséria.

A.V. Knowles afirma em sua biografia de Turguêniev:

> Tais questões não se perderam para o público contemporâneo, sendo assim, a peça contém elementos sociais e políticos que não devem ser completamente ignorados. Mas dar ênfase a isso em detrimento de uma fascinante análise delicadamente pessimista da vida e dos amores de suas personagens é perder o componente mais duradouro da peça.[9]

As Personagens

Para uma interpretação psicológica da peça, a personagem de Natália é crucial, a quem o autor dá especial atenção. Ela é uma das primeiras figuras que irá compor a galeria de imagens femininas de Turguêniev. A personagem tem uma capacidade intelectual fora do comum, de sentir profundamente, além de uma natureza apaixonada. É por essas características que Beliáiev prefere ela a Vera. Na segunda redação da peça, de 1855, Turguêniev reforça a coragem de Natália, que declara seu amor para Beliáiev e se mostra pronta a segui-lo.

Natália é uma personagem central e vital porque afeta os destinos de todos com quem se relaciona e o infortúnio que a acomete acontecerá em decorrência de sua influência. Stanislávski diz que

---

[9] *Ivan Turgenev*, p. 25

Natália parece uma "planta de estufa" que tinha o profundo desejo de crescer ao ar livre e em campo aberto. Talvez por isso Turguêniev coloque apenas um ato dos cinco ao ar livre. O "interior da casa" é a vida de Natália com Isláiev, enquanto o centro dos seus sonhos é o jovem estudante Beliáiev, que tem a vivacidade, o vigor da natureza que arrebatará seu coração.

A relação do homem com a natureza é uma reflexão característica da obra de Turguêniev. Rakítin e Natália estão contra o fluxo da natureza, contrapondo-se aos jovens, como Vera, que Natália vai invejar por nunca ter tido seu viço; e Beliáiev, um estranho que passa a fazer parte de um meio estabelecido, um "ninho de nobres", e, involuntariamente, perturba a rotina e a ordem dessa sociedade com seu espírito jovial e desenvolto.

O diretor russo de teatro Adolf Shapiro diz que as paisagens descritas por Turguêniev representam, muitas vezes, o interior das personagens[10]. Sendo assim, a represa (provavelmente ineficaz) que Isláiev constrói na propriedade, interrompendo o fluxo da natureza, corresponde à força da paixão representada em Natália, pela qual é dominada, o que explica, e muito, seu comportamento. Ela tem uma mudança de humor constante, enfurece e confunde as pessoas ao seu redor. É extremamente emocional e egoísta, geralmente age sem a menor consideração pelos sentimentos dos outros, como nesse diálogo com Rakítin, logo no início do primeiro ato, quando crítica seu marido:

> NATÁLIA: Ele se envolve em tudo com muito fervor [...] Se entrega demais. Isso é um defeito. Que é que você acha?
> RAKÍTIN: Concordo com você.
> NATÁLIA: Mas que tédio! Você sempre concorda comigo!
> RAKÍTIN: Você quer que eu questione? Pois está bem!

...

[10] O diretor ministrou uma oficina de análise do texto *Pais e Filhos*, de Ivan Turguêniev, no Instituto Capobianco, em outubro de 2011, com a Cia. Mundana.

NATÁLIA: É eu queria... Eu quero... Eu queria que tivesse essa vontade! Leia, eu já disse.
RAKÍTIN: Às suas ordens.

Rakítin, como homem apaixonado, só deseja agradar a Natália. Ela, por sua vez, só se entusiasma quando fala de Beliáiev e, ao mesmo tempo, alfineta Rakítin. O diálogo a seguir nos mostra, além da intimidade entre Natália e Rakítin, o quanto ela ignora os sentimentos dele:

> NATÁLIA (*baixando os olhos*): Então, o que você fez na casa dos Krinítsin?
> RAKÍTIN: Nada. Ficar com quem te entedia é horrível. Você se sente bem, à vontade, gosta deles. Não tem nenhum motivo para se aborrecer e, mesmo assim, morre de tédio e o coração começa a choramingar à toa, como se tivesse fome.
> NATÁLIA: Pelo visto, fica entediado frequentemente com os amigos.
> RAKÍTIN: Como se você não soubesse o que significa a presença de alguém que a gente ama e que mesmo assim nos entedia?
> NATÁLIA: Que a gente ama [...] É um verbo forte! Você fala de uma forma difícil de entender.
> RAKÍTIN: Difícil de entender?
> NATÁLIA: É, é esse o seu ponto fraco. Sabe, Rakítin [...] Você é muito inteligente, mas, às vezes, quando nós estamos conversando, é como se estivéssemos trançando renda... Você já viu como se faz renda? A gente fica sentado numa salinha abafada sem se mover, e não pode mudar de lugar.

Quando Kólia, filho de Natália, chega com Beliáiev, a atmosfera fica agradável e jovial. Natália se torna mais vívida e se mostra uma mãe atenciosa, ao mesmo tempo que observa o estudante. Kólia mostra seu arco e flecha, diz que atirou duas vezes e acertou as duas. O interessante é que são duas mulheres que se apaixonam pelo estudante. Pode-se, assim, fazer um paralelo entre Kólia com seu arco e flecha e um elemento simbólico característico do amor, o cupido.

> KÓLIA: Eu já atirei duas vezes numa árvore e acertei as duas vezes.
> NATÁLIA: Deixa eu ver, Kólia.
> KÓLIA (*corre para ela, enquanto Natália examina o arco*): Ah, *maman*, como Alexei Nikoláievitch sobe bem em árvores! Ele vai me ensinar! Ele vai também me ensinar a nadar. Ele vai me ensinar tudo, tudo! (*Dá pulos.*)
> NATÁLIA (*dirigindo-se a Beliáiev*): Eu fico muito agradecida pela atenção que o senhor vem dando a Kólia!
> KÓLIA (*interrompendo com fogo*): Eu gosto muito dele, *maman*, muito.
> NATÁLIA (*acariciando a cabeça de Kólia*): Ele é um pouco mimado. O senhor tem que fazer dele um rapaz ágil, habilidoso. (*Beliáiev se inclina.*)

Depois desse encontro, Natália se sente alegre e rejuvenescida, com energia. Percebe a natureza, que há muito não notava. Está tranquila, mas ainda não tem consciência de seu amor por Beliáiev; é provável que pense que está apaixonada por Rakítin:

> NATÁLIA: Por que está me olhando?
> RAKÍTIN: Estou olhando [...] Estou feliz.
> NATÁLIA (*sorrindo para ele*): Abra a janela, Michel. Como está agradável no jardim! (*Rakítin levanta-se e abre a janela.*) Saudo-te vento! (*Ela ri.*) Parece até que ele estava esperando a chance de entrar. (*Olhando ao redor de si.*) Como tomou conta de toda a sala [...] Agora, ninguém vai conseguir expulsá-lo!

RAKÍTIN: Agora você também está tranquila e calma, como uma tarde após a tempestade!

Ela fala o quanto Rakítin é bom para ela: "Acho que no mundo não existe um homem melhor que você." Ela justifica descarregar seu mau humor nele pela amizade pura e sincera que sente por ele. Natália acaba fazendo uma declaração de amor, que o deixa extremamente feliz, mas com uma contradição que lhe é peculiar, ela expressa sua impossibilidade de se apaixonar por Rakítin:

> NATÁLIA: É, às vezes, é divertido torturar quem a gente gosta [...] Pois eu posso como a Tatiana [de *Ievguêni Oniéguin*] dizer: "Para que fingir?"
> RAKÍTIN: Natália Petrovna, você...
> NATÁLIA (*interrompendo-o*): É [...] Eu amo você. Mas sabe, Rakítin, há uma coisa que parece às vezes muito estranha: eu amo você... E esse sentimento é tão claro, tão calmo que não me agita e me acolhe, mas [...] (*Com animação.*) Você nunca me fez chorar, mas eu acho que devia [...] (*Interrompendo-se.*) Qual o sentido disso?

Stanislávski diz que toda essa declaração de amor é destruída pela frase: "Você nunca me fez chorar", denotando que o que ela sente não é amor.

> RAKÍTIN (*um pouco triste*): Uma pergunta que não pede resposta.
> NATÁLIA: E nós nos conhecemos há tanto tempo.
> RAKÍTIN: Quatro anos. Pois é, somos velhos amigos.
> NATÁLIA: Amigos [...] Você é para mim mais do que um amigo.
> RAKÍTIN: Natália Petrovna, não toque nesse assunto [...] Eu tenho medo pela minha felicidade, tenho medo que ela desapareça nas suas mãos.
> NATÁLIA: Não... Não... Isso não... O problema é que você é uma pessoa bondosa demais. Você aceita todos os

meus caprichos [...] Me mima demais [...] Você é bom demais, entende?

Stanislávski interpreta essa última frase de Natália da seguinte maneira: "Você é muito delicado, nobre. Você deve demonstrar energia, até me agarrar. Aí, eu me apaixonaria por você."

No primeiro encontro a sós de Natália com Beliáiev, o autor deixa claro o abismo social entre eles. E é justamente esse abismo que os aproxima. Natália não sabe como se portar. É como se ela precisasse descobrir um novo papel que lhe é desconhecido, o de mulher apaixonada. Tem o desejo de agradar a Beliáiev e, ao mesmo tempo, descobrir quem ele é.

> NATÁLIA: Sente-se ali! (*Mostrando uma cadeira*). Nós ainda não tivemos tempo de conversar. Alexei Nikoláievitch [...] Ainda não nos conhecemos direito. (*Beliáiev inclina-se e senta-se.*) Eu gostaria de conhecê-lo...
> BELIÁIEV: Senhora... Eu fico muito lisonjeado.
> NATÁLIA (*com um sorriso*): Neste momento, o senhor está com medo de mim, eu vejo isso... Mas, espere um pouco, quando o senhor me conhecer melhor, não vai mais ter medo. Me diga. Me diga, quantos anos o senhor tem?
> BELIÁIEV: Vinte e um, senhora.
> NATÁLIA: Seus pais estão vivos?
> BELIÁIEV: Minha mãe morreu. Meu pai ainda está vivo.
> NATÁLIA: A sua mãe morreu há muito tempo?
> BELIÁIEV: Sim. Há muito tempo.

No desenvolvimento desse diálogo, Natália se mostra para Beliáiev. Fala de seu filho: "Eu queria fazer com que ele se lembrasse da infância com prazer. Mas o mais importante, eu acho, é que ele cresça com liberdade." Fala de sua infância e do quanto ela tinha medo de seu pai severo:

NATÁLIA: Mesmo velho e cego como ele estava, eu continuava com medo dele. Na presença dele, eu nunca me sentia livre [...] Os resquícios dessa timidez e de longos anos de restrição, talvez, até hoje não desapareceram por completo. [...] O senhor, por exemplo, eu imagino que durante sua infância não sofreu nenhum tipo de restrição, não é mesmo?
BELIÁIEV: É, eu acho que sim. É claro, ninguém restringiu minha liberdade... Bem, para falar a verdade, eu não tinha ninguém que se ocupasse de mim.
NATÁLIA (*timidamente*): E seu pai?
BELIÁIEV: Ele não podia pensar nisso. Não tinha tempo. Ele estava sempre visitando os vizinhos por causa dos negócios. Enfim, não era um negócio, mas era com isso que ele ganhava o seu pão. Prestando serviços para eles.
NATÁLIA: Ah! Então, quer dizer que ninguém se preocupou com sua educação?
BELIÁIEV: Para dizer a verdade, é. Ninguém. Aliás, isso deve se perceber. Eu sinto por demais todas as minhas falhas.

Natália muda de repente, ficando claro que não sabe como agir:

NATÁLIA: Pode ser, mas em compensação (*Ela para, e continua um pouco sem jeito.*) Ah! A propósito, Alexei Nikoláievitch, era o senhor que estava cantando no jardim ontem à tarde?

Ao longo dessa cena, Natália vai ficando mais vívida e alegre, até mesmo corajosa:

NATÁLIA: O senhor canta muito bem. Um dia vou lhe pedir... Não hoje, mas quando nós nos conhecermos melhor, quando já formos mais próximos. Pois, vamos ficar amigos, não é mesmo, Alexei Nikoláievitch? Me sinto muito à vontade na presença do senhor. Acho que essa minha eloquência, essa minha tagarelice, é mais do que prova disso. *(Ela estende a mão. Beliáiev, com ar indeciso, depois de uma leve hesitação, não sabendo mais o que fazer, beija-lhe a mão. Natália ruboriza-se e retira a mão. Nesse momento, Chpiguélski chega do salão, para e recua um passo. Natália levanta-se precipitadamente, Beliáiev também se levanta.)*

No segundo ato, que se passa no jardim, Natália se distancia de Rakítin e se interessa cada vez mais pelo estudante, embora ainda não saiba que está apaixonada. Segundo Stanislávski, "esse amor, por enquanto, se manifesta num ciúme inconsciente de Vera. Natália expressa esse ciúme dizendo que não é adequado Vera estar com Beliáiev"[11]. No final do ato, ela vai, junto dos jovens Beliáiev, Vera e Kólia, soltar a pipa que foi construída por eles durante esse ato. Ela se sente alegre e radiante. Stanislávski descreve Natália como se ela tivesse dezoito anos, e diz que ela se entrega para a juventude. "Sem querer, ela é naturalmente boa, graciosa, simples e apaixonante, porém, a educação que recebeu está presente."[12] Nesse momento, Natália está em harmonia com a natureza, quer se livrar do que é indesejável, Rakítin, deixando-o para trás. Ela é jovem e ele, um velho:

> NATÁLIA: Quando quiser Alexei Nikoláievitch e você também Vérotchka, vamos para o campo. *(Aos outros.)* Acho que para os senhores isso não deve interessar muito. Lisaveta Bogdánovna e o senhor Rakítin, deixo a seus cuidados o nosso querido Afanássi Ivânovitch.
> RAKÍTIN: Por que é que você acha, Natália Petrovna, que o passeio pode não nos interessar?

∙∙∙
11 *Rejissiórskie Ekzempliari K.S. Stanislávskogo*, v. 5, p. 419.
12 Ibidem p. 453.

NATÁLIA: Vocês são pessoas muito sérias. Coisas assim devem parecer muito infantis para vocês.

Quando Natália percebe que Vera está apaixonada por Beliáiev, por ciúme, a induz a casar-se com Bolchintsov de uma forma um tanto quanto intimidadora, porém, muito educada, como podemos ver neste diálogo:

NATÁLIA: Minha querida, sempre te olhei como uma criança; mas agora você já tem dezessete anos, você é uma garota sensata. Já é tempo de pensar no seu futuro. Você sabe que eu gosto de você como uma filha e minha casa será sempre a sua casa. Mas, apesar disso, aos olhos dos outros, você é uma órfã: não tem fortuna. Com o tempo, pode se cansar de viver com estranhos. Então, me diz, você gostaria de ser patroa na sua própria casa? Ser dona absoluta?

VERA (*lentamente*): Eu não compreendo a senhora, Natália Petrovna.

NATÁLIA (*depois de pausa*): Recebi uma oferta de casamento para você. (*Vera olha com espanto Natália Petrovna.*) Você não esperava isso e devo reconhecer que me pareceu estranho também. Você é tão jovem. Eu tenho que te dizer que não quero te pressionar. Na minha opinião, é ainda muito jovem para se casar.

Não é difícil notar aqui como o caráter de Natália é contraditório. No diálogo anterior se sente jovem, já neste, com Vera, tem a postura de mulher mais velha. Nessa conversa, primeiro, diz que Vera tem que pensar no futuro e não é mais tão criança. Logo em seguida, afirma que é muito cedo para Vera se casar. Contradições como essas irão permear toda a peça, atributo do autor na sua composição dramatúrgica para o desenvolvimento do caráter das personagens, principalmente o de Natália. Ele desenvolve os temas sempre em oposições, como juventude e velhice, liberdade e prisão, riqueza e pobreza, amor e ódio, todos com uma intensidade significativa na aparente calma do campo.

Stanislávski valorizará bastante essa característica de Turguêniev em sua montagem.

Mais adiante, no mesmo diálogo, já se contrapondo, Natália tenta persuadir Vera com as qualidades do seu pretendente. Quando revela seu nome, Vera cai em gargalhadas. Essa reação deixa Natália totalmente tomada pelo ciúme e com inveja da juventude de Vera e ela praticamente obriga a jovem a confessar seu amor por Beliáiev, tentando fazer um papel de irmã mais velha.

O amor da jovem pelo estudante é tão espontâneo, poderíamos até mesmo dizer ingênuo, que Vera nem se dá conta disso. É Natália quem gera a rivalidade entre as mulheres. Seus sentimentos são tão intensos que ela é incapaz de perceber os anseios de sua protegida. Depois desse encontro, Natália assume para si sua paixão por Beliáiev e a juventude de Vera passa a ser um tormento.

> NATÁLIA: O que tem de errado comigo? Eu não me conheço. A que ponto cheguei? O que sou eu? Casar uma pobre garota com um homem velho! Usei o doutor como um intermediário. Se ele suspeita, ficará dando indiretas [...] Arkádi, Rakítin [...] Sim, eu [...] (*Ela levanta bruscamente a cabeça.*) Mas, afinal, o que significa isso? Será que estou com ciúme da Vera? Será que estou apaixonada por ele? (*Uma pausa.*) E você ainda duvida disso, não duvida? Está apaixonada pela sua miséria! Mas como isso foi acontecer? Eu não sei. É como se me tivessem dado veneno [...] De repente, tudo destruído, espatifado, desaparecido [...] Ele tem medo de mim [...] Todos têm medo de mim [...] O que ele poderia ver em mim? O que ele poderia ter visto em mim? Que utilidade uma criatura como eu teria para ele? Ele é jovem. Ela é jovem também. Enquanto eu.

Natália fica totalmente tomada por esta paixão, deseja que Beliáiev vá embora, ao mesmo tempo em que deseja que ele fique, principalmente depois que o jovem afirma não estar apaixonado por Vera. Natália, com isso, toma coragem e confessa seu amor por ele no quarto ato:

> NATÁLIA: E o senhor, não está se enganando?
> BELIÁIEV: Como?
> NATÁLIA: Em pensar que você [...] (*Estremecendo.*) Oh, meu Deus. O que estou fazendo? Beliáiev, me ajude. Nunca uma mulher se viu na situação em que estou [...] E do que eu posso suportar realmente [...] Talvez seja melhor acabar tudo de uma vez. Pelo menos, nos conhecemos. Me dá a mão [...] E vamos nos despedir para sempre.
> BELIÁIEV (*tomando suas mãos*): Natália Petrovna [...] Eu não sei o que dizer como despedida [...] O meu coração está tão cheio. Deus lhe dê [...] (*Ele se detém e aperta a mão dela nos seus lábios.*) Adeus! (*Vai sair pela porta do jardim. Natália o olha partir.*)
> BELIÁIEV (virando-se): Natália Petrovna.
> NATÁLIA (*com voz fraca, depois de uma pausa*): Fique.
> BELIÁIEV: O que?
> NATÁLIA: Fique. E que Deus se encarregue de nos julgar! (*Ela esconde o rosto e abre as mãos*)
> BELIÁIEV (*aproxima-se rapidamente e estendo os braços*): Natália Petrovna. (*Nesse momento, a porta do jardim se abre e Rakítin aparece, olha um instante e depois se aproxima rapidamente.*)

Depois que são interrompidos, esse amor quase consumado ficará apenas nas fantasias de Natália, de um dia poder se sentir livre e jovem, o que nunca experimentou na vida. Ela se mantém fiel ao seu marido, que certamente respeita, mas não o ama. E também perde seu admirador fiel Rakítin, personagem que expressa muito a visão que Turguêniev tem de si.

Rakítin, assim como Natália, é um homem muito educado, característica que é bastante ressaltada por Stanislávski. Por diversas vezes, em diálogos específicos, ele pontua em seu caderno de direção a fina educação de ambos, ressaltando o comportamento aristocrático em oposição à maneira espontânea de agir dos jovens. Rakítin nutre um amor resignado por Natália e atende a todos os seus caprichos para obter sua atenção. Quando não consegue satisfazê-la, se sente culpado. Em *Os Exemplares da Direção de K.S. Stanislávski: 1905-1909*, Stanislávski diz que ele fica feliz quando ela sorri e infeliz quando ela está inquieta.

Quando Rakítin percebe que Natália está apaixonada por Beliáiev, também é tomado pelo ciúme e tenta mostrar para ela o tipo de homem vulgar e sem educação que Beliáiev é. Sem sucesso.

Rakítin reconhece que Natália se apaixonou pela liberdade, frescor e juventude de Beliáiev, e que ele não pode competir com o estudante. Ao se dar conta de que o jogo está perdido, faz um paralelo com a abertura da peça, quando, na primeira cena, Ana, Schaaf e Lisaveta jogam copas. Nesse jogo, para garantir a vitória, o participante deve ter em mãos somente cartas de copas (que são representadas por corações vermelhos), mais a dama de espadas, ou nenhuma dessas cartas. Tendo apenas algumas delas, o jogador corre o risco de perder a rodada ou até mesmo o jogo.

O autor se utiliza de um jogo de cartas como um símbolo na abertura para dar indícios de que a peça é sobre o coração, um jogo de amor, assim como um jogo de cartas. Com a derrota, Rakítin fica com o orgulho ferido e uma profunda dor. Mesmo assim, quando, em um ato desesperado, Natália confessa para ele seu amor por Beliáiev, ele, com sua capacidade de autonegação, age como um herói romântico ao dar todo seu apoio para ela. Já que não consegue ter seu amor, pode ter, pelo menos, sua confiança. "Sua confiança vai me dar forças." E como se isso não bastasse, no momento em que ele a conforta, Isláiev aparece.

Rakítin, em conversa com o amigo Isláiev no quinto ato, já bastante cansado, confessa seu amor por Natália e não lhe resta outra saída a não ser deixar a propriedade. Antes de partir, Rakítin, na passagem mais amarga de todo o texto (inclusive foi censurada na primeira edição da peça), faz o possível para desiludir Beliáiev, que acredita que o amor é algo positivo e gerador de felicidade.

> RAKÍTIN: O senhor talvez ainda acredite que o amor é o bem mais supremo na face da terra?
> BELIÁIEV (*friamente*): Disso eu ainda não tive nenhuma experiência, mas imagino que ser amado pela mulher que se ama é uma grande felicidade.
> RAKÍTIN: Que Deus permita que o senhor preserve por um longo tempo essa doce convicção! É minha crença, Alexei Nikoláievitch. Todo amor, seja ele feliz ou infeliz, é uma verdadeira calamidade, se você se entrega completamente... Espere um pouco! O senhor pode ainda descobrir como essas mãozinhas delicadas podem torturar você, e com que doce solicitude dilaceram seu coração em pedacinhos. Espera! O senhor vai saber quanto ódio feroz se esconde sob o amor mais ardente. O senhor vai lembrar de mim quando ansiar por paz, assim como um doente que anseia pela saúde. E o senhor vai invejar todo homem despreocupado e livre. Espere! E o senhor vai saber o que é estar amarrado a uma saia, estar escravizado a ela, e a vergonha e humilhação que essa escravidão nos faz sentir.

Essa cena mostra-nos a total oposição entre os dois homens. Beliáiev tem espírito libertário, não está preso às convenções sociais, enquanto Rakítin vislumbra a felicidade como algo possível. Rakítin sofre a dor da rejeição no amor. Já Beliáiev se sente lisonjeado por ser amado por uma mulher como Natália.

BELIÁIEV: A senhora disse que estávamos destinados a sermos amigos. Mas, meu bom Deus, como pode um rapaz simples, quase sem formação, como eu, sonhar em ser alguma coisa para a senhora? Pense o que a senhora é e o que eu sou! Pense, eu poderia ousar em sonhar? A senhora com sua educação [...] Não só educação [...] Apenas olhe para mim [...] Esse paletó velho e suas roupas perfumadas [...] Meu Deus! Oh sim, eu tinha medo da senhora e mesmo agora ainda tenho. Sem exagero, eu achava a senhora um ser superior. E agora a senhora diz que me ama [...] A senhora, Natália Petrovna! A mim! Eu sinto meu coração batendo como nunca bateu antes. Não está batendo meramente pelo espanto nem de vaidade exaltada [...] Não, realmente vaidade não cabe agora.

Apesar da possibilidade de uma vida feliz no amor, ela não se estabelece. Beliáiev reconhece que desestabilizou a vida da propriedade. Depois da conversa com Rakítin, resolve partir. No seu último encontro com Vera, ele fala de seus sentimentos e o quanto se sente incomodado com a situação que causou e sua impossibilidade de ficar naquele lugar.

Vera, em um primeiro momento, vive a alegria de uma menina apaixonada. Uma órfã solitária que se encanta por Beliáiev por lhe dar a atenção que deseja. Estão sempre brincando no jardim. Constroem juntos uma pipa para Kólia, filho de Natália, enquanto falam descontraidamente sobre suas vidas. Sente uma imensa felicidade quando ele a elogia. Vera vive momentos de intensa alegria que o amor pode proporcionar, tanto é que, quando Natália lhe diz que Bolchintsov lhe pediu em casamento, encara isso como algo engraçado, impossível de acontecer. Quando fala de Beliáiev para Natália, é tomada por um entusiasmo juvenil e romântico.

VERA: Eu não sei como ele é com os outros, mas comigo [...] Talvez porque nós dois somos órfãos. Além disso, ele olha para mim como uma criança.
NATÁLIA: Você acha? Mas eu também gosto bastante dele. Ele deve ter um bom coração.
VERA: É [...] Muito bom! Se a senhora soubesse [...] Todo mundo na casa gosta dele [...] Ele é tão amigável. Ele fala com todos, está sempre pronto a ajudar. Antes de ontem, ele levou nos braços, até o hospital, uma velha mendiga que estava na estrada [...] Um dia, ele colheu para mim uma flor que estava num penhasco tão alto, que eu tive tanto medo que fechei os olhos. Eu achava que ele ia cair e se machucar, mas ele é tão habilidoso! A senhora viu ontem, lá no prado, como ele é habilidoso com essas coisas?
NATÁLIA: Sim, é verdade.
VERA: A senhora se lembra, quando ele corria atrás da pipa, como saltava os buracos! Aquilo para ele não é nada.

Em uma conversa com Beliáiev, no quarto ato, Vera descobre que o estudante não a ama, que gosta dela como uma irmã. Vera reconhece o jogo de Natália e conclui que ela está apaixonada por Beliáiev e provavelmente é correspondida. O mundo desaba para Vera, que, de uma hora para outra, deixa de ser uma menina, enfrentando Natália:

VERA: Chega, Natália Petrovna! (*Natália a olha espantada.*) Chega de falar comigo como se eu fosse uma criança. (*Baixando a voz.*) De hoje em diante, eu sou uma mulher [...] Sou uma mulher tanto quanto a senhora.
NATÁLIA (*constrangida*): Vera.
VERA (*quase murmurando*): Ele não decepcionou a senhora [...] Promessa. Não foi ele quem marcou esse nosso encontro. Ele não me ama, a senhora sabe disso. A senhora não tem mais razão para ficar com ciúme.

NATÁLIA (*com um suspiro crescente*): Vera!
VERA: É verdade [...] Não me venha com fingimento. Esses pretextos não têm nenhuma utilidade agora. Posso ver através deles, posso lhe assegurar: eu não sou mais sua protegida, para senhora ficar cuidando. (*Ironicamente.*) Como uma irmã mais velha [...] (*Ela se aproxima dela.*) Eu sou sua rival.

Vera não consegue suportar a ideia de Beliáiev gostar de Natália. Ter que viver com ela na mesma casa passa a ser insuportável. Ela, então, resolve casar-se com Bolchintsov. Com isso, aquela fresta que caminhava para a felicidade se fecha por completo. A possibilidade do amor termina na penúria.

Embora para Turguêniev a felicidade seja algo possível, ela nunca é alcançada, o que ressalta o seu pessimismo em relação à condição humana. Se pensarmos em suas obras posteriores, ele faz uma conexão direta entre o amor e a morte, em que a felicidade de seus personagens é encoberta por uma sombra, a presença da morte, seja ela literal ou emocional, como é o caso de *Um Mês no Campo*.

As Montagens

Um Mês no Campo foi encenada pela primeira vez em Moscou, no Teatro Mály, em 1872, com cortes aprovados por Turguêniev, que se empenhou em convencer o produtor de que a peça não era encenável e despertaria o tédio. Turguêniev acreditava que não era um escritor dramático e estava convencido de que a montagem de sua peça seria um fiasco, mas, mesmo assim, permitiu que ela fosse montada. Realmente, essa primeira apresentação da peça não obteve sucesso de público. Os críticos foram muito duros ao dizer que a peça era impossível de ser encenada, além de reforçarem o mau desempenho dos atores, incapazes de utilizar o melhor da comédia, que era a beleza da linguagem. Nessa temporada, *Um Mês no Campo* teve apenas cinco apresentações.

A segunda temporada da peça estreou no palco do Teatro Aleksandrínski, em São Petersburgo, em 17 de janeiro 1879, com a jovem e famosa atriz Maria Sávina no papel de Vera. Sávina pediu permissão a Turguêniev para que Krílov, um perito do palco, fizesse cortes na peça porque acreditava que, na íntegra, ela ficaria entediante e longa demais. Os atores também interferiram nesses cortes, o que levou Turguêniev a se isentar publicamente e esperar um novo fiasco. O autor continuou a insistir que a peça não fora destinada para o palco. "Não sei que sorte espera minha peça após a operação realizada nela por Krílov, mas considero necessário anunciar ao público que eu me isento de qualquer responsabilidade; seja qual for o resultado, não tem nada a ver comigo."[13]

Ao contrário do que previu Turguêniev, a montagem foi um sucesso e ocupou um lugar especial na história das encenações da peça, principalmente pela participação da atriz Maria Sávina. Praticamente todos os críticos de teatro de São Petersburgo uniram-se em louvor ao espetáculo, chamando-o de "uma verdadeira festa para todos os amantes do teatro russo"[14].

Ao mesmo tempo que reconheceram o alto mérito literário da peça, todos os jornais a consideraram uma obra dramática, entediante e não encenável: "*Um Mês no Campo* não pode sequer ser denominada comédia. Ela é simplesmente uma novela dialogada; a ausência do veio dramático salta aos olhos a cada passo."[15] Notaram também que a comédia *sui generis* de Turguêniev exigia novas técnicas de atuação dos atores. A crítica do dramaturgo e romancista A.A. Sokolov, no jornal *Petersbúrgskii Listok*, número 13, em 18 de janeiro de 1879, sob o título "Niilista Teatral", relata: "Aqui tudo depende dos atores. Encarnar e solucionar uma tarefa

---

13 I. Turguêniev, op. cit., p. 420.
14 Ibidem, p. 420-421.
15 Ibidem, p. 421.

psicológica complexa é o que exige Turguêniev da nossa trupe dramática contemporânea."[16]

Já o número 19 do *Bírjievie Viédomoste*, de 19 de janeiro de 1879, relata:

> Esse é um estudo psicológico extraordinariamente sutil, que exige dos atores grande sensibilidade artística e um notório nível artístico. É terrível para os atores, que de repente se veem completamente sem forças para dominar essa tarefa psicológica complexa.[17]

Para Maria Sávina, esse foi um dos espetáculos mais felizes, se não o mais feliz, de sua vida. Turguêniev assistiu ao espetáculo no dia 15 de março de 1879. Durante a vida de Turguêniev, a peça foi apresentada novamente em 1881, no Teatro Mály, de Moscou. Novamente sem êxito. Retornou ao Teatro Aleksandrínski em 1883, no dia do enterro do escritor, e depois disso voltou várias vezes para aquele palco.

Um Mês no Campo tornou-se uma das mais famosas peças do repertório russo, com a brilhante montagem realizada pelo Teatro de Arte de Moscou, sob a direção e atuação de Stanislávski, em 1909. O cofundador desse teatro, produtor e diretor Vladímir Nemiróvitch-Dântchenko, a princípio, pensou que a peça fosse um retrato fiel das críticas sociais de uma antiga e imutável Rússia. Apesar de Turguêniev trazer à tona esta Rússia, Stanislávski viu a peça como um estudo psicológico profundo, valorizando a paisagem da existência humana, e minimizou os aspectos políticos e sociais da peça, obtendo grande sucesso.

Alguns estudiosos acreditam que o êxito da peça de Turguêniev vem em um momento em que o público está pronto para entendê-la, pois já conhece bem a obra dramática de Tchékhov, de quem

---

16 Ibidem, p. 421-422.
17 Ibidem, p. 422.

Turguêniev é precursor. Ambos os dramaturgos retratam a vida no campo pelo cotidiano de pessoas comuns, com sentimentos conhecidos por todos. Os conflitos não são aparentes, se encontram ocultos no texto, e serão revelados no decorrer da ação dramática. Como diz Leonard Schapiro, estudioso da obra de Turguêniev: "A peça é um drama das emoções, uma maneira de fazer teatro que se tornou familiar por meio de Tchékhov – mas composta cerca de quarenta anos antes."[18] É interessante lembrar que a peça *A Gaivota*, de Tchékhov, também fracassou na sua primeira montagem e seu sucesso aconteceu no Teatro de Arte sob a direção de Stanislávski.

A montagem de *Um Mês no Campo* vai representar um momento de grande importância na história do Teatro de Arte e na trajetória de Stanislávski, além de colocar Turguêniev, como dramaturgo, no patamar mais elevado do teatro russo.

---

18 *Turgenev: His Life and Times*, p. 76.

Um Mês no Campo – A Cena

> *O valor da minha arte é determinado pelo seu conteúdo espiritual.*
> C. STANISLÁVSKI

Primavera de 1909. Stanislávski anuncia que, na sua próxima montagem, os ensaios serão feitos de uma maneira totalmente diferente, um processo criativo inovador. A peça escolhida para tanto é *Um Mês no Campo*, de Ivan Turguêniev, um texto do realismo psicológico, considerado, por muitos, menos teatral do que qualquer peça de Tchékhov.

Essa montagem, realizada pelo Teatro de Arte de Moscou, é de extrema importância na sua trajetória artística, um divisor de águas para Stanislávski tanto como diretor quanto como ator, e também por ser o primeiro espetáculo teatral em que seu sistema de trabalho para a formação e expressão artística de atores é posto em prática.

Stanislávski deseja provar, a partir dessa experiência, que o ator é realmente o elemento primordial e o primeiro criador do espetáculo. "*Um Mês no Campo* parece proporcionar uma vigorosa oportunidade para a inclusão do 'sistema' nos trabalhos do Teatro de Arte e, consequentemente, estabelecer isso como o núcleo das futuras atividades."[1]

---

[1] N. Worrall, *The Moscow Art Theatre*, p. 182.

A criação desse espetáculo ocupa um lugar significativo no desenvolvimento das ideias artísticas de Stanislávski. É uma oportunidade ímpar na construção de um plano de trabalho para investigar e comprovar a eficácia de seu sistema. Ele almeja um teatro vivo, que expresse, cenicamente, o "inconsciente, sublime e nobre na vida do espírito humano"[2], de modo que cada ator dialogue com sua própria natureza humana para a construção de um papel. Uma exploração do conflito entre vida e arte, natureza humana e criação artística. "Sua ideia, nessa montagem, era transformar 'vida' em 'arte' para transcender a 'natureza'."[3]

A Escolha

Stanislávski explica que o intento de montar *Um Mês no Campo* vinha em parte do fracasso dos resultados desejados em *O Drama da Vida*, de Hamsun:

> Não obstante o fracasso dessas técnicas em *O Drama da Vida*, de Hamsun, resolvi repetir o mesmo ensaio, esperando que em *Um Mês no Campo*, eu estaria diante de sentimentos humanos comuns, conhecidos por todos na vida real, ao passo que em *O Drama da Vida* eu devia transmitir a paixão humana mais forte, até exagerada, com a complexa ausência de gestos. As intensas paixões da peça hamsuniana me pareciam mais difíceis para a transmissão imóvel que o complicado desenho psicológico da comédia de Turguêniev.[4]

---

2 A. Cavaliere; E. Vássina, O Simbolismo no Teatro Russo nos Inícios do Século xx, em A. Cavaliere et al. (orgs.), *Tipologia do Simbolismo nas Culturas Russa e Ocidental*, p. 113.
3 N. Worrall, op. cit., p. 183.
4 *Minha Vida na Arte*, p. 444

O *Drama da Vida* fora o primeiro passo para a introdução do sistema nos trabalhos do Teatro de Arte. O seu fracasso, segundo Stanislávski, se deu pelo fato de o "desenho interior" não ser desenvolvido nos detalhes, ocasionando uma generalização na atuação, que resultou em "contornos espirituais" vagos, desestabilizando os atores e os deixando sem autoconfiança.

Tanto o texto de Hamsun como o de Turguêniev demandavam uma atuação especial, com ênfase no conteúdo interior. Se foi difícil interpretar fortes paixões sem gestos em *O Drama da Vida*, em *Um Mês no Campo*, os fios da sutil renda amorosa que Turguêniev teceu só poderiam ser expressos por meio da imobilidade.

O conflito principal da peça está no coração, cuja característica na construção das trajetórias das personagens revela uma estrutura dramatúrgica pouco usual. No prefácio, escrito para a primeira publicação da obra, na revista *Sovremiénnik*, em 1855, Turguêniev diz que: "Em princípio não é uma comédia, mas uma novela em forma dramática."[5]

Um Mês no Campo apresenta um estudo psicológico minucioso e uma trama praticamente sem ação evidente. Há chegadas e partidas das personagens, alguém que escuta alguma conversa e expõe um forte senso de paixão escondida, porém, as tensões residem somente no subterrâneo dos acontecimentos aparentes. Alguns poucos momentos de crise são resolvidos mais com palavras do que com ações. Há o desenvolvimento de uma forte tensão e inquietação, sem nenhuma aventura ou sensação externa. São pessoas comuns, que passam por uma turbulência emocional como se um furacão tivesse transcorrido nas suas rotinas confortáveis, e ninguém vê acontecer nada. Segundo o comentário preciso de J. Guinsburg, trata-se "de uma peça com pouco movimento, parecendo uma aquarela do mundo externo, mas que encerra grande riqueza em suas captações da vida subjetiva das personagens e da complexidade de uma tessitura emocional"[6].

∎∎∎
5   *Sobránie Sotchinéni*, p. 579.
6   *Stanislávski, Meierhold & Cia.*, p. 315.

Esse desenho composto por Turguêniev parecia ideal para Stanislávski, que, após o duro aprendizado em *O Drama da Vida*, encontra em *Um Mês no Campo* material para investigar, como ator e também diretor, a construção de uma melodia interna das personagens e o correto estado de espírito do papel, "que deve ser captado tanto pelo espectador, como pelo próprio ator"[7].

Encenação

Stanislávski busca na encenação simples apenas elementos cênicos essenciais e atores com a alma desnudada para uma expressão pujante. Para tanto, ele acredita que não deve ter nenhum tipo de efeito, excluindo sonoridades como os sons da natureza, recurso muito presente em montagens anteriores, que anulam qualquer *mise-en-scène:* "no palco apenas um banco de jardim ou um sofá, no qual deveriam sentar-se todas as personagens da peça, para à vista de todo mundo, revelarem a essência interior da alma e o desenho complexo das rendas psicológicas tecidas por Turguêniev"[8].

Referências

Para realizar seus objetivos nesse espetáculo, Stanislávski sintetiza todo o seu percurso desde o início do século xx. Em palestra proferida na Funarte, em dezembro de 2011, a pesquisadora Elena Vássina afirma que a trajetória de Stanislávski se deu da seguinte maneira: tese, antítese e síntese. Seguindo essa linha

---

7 *Minha Vida na Arte*, p. 445
8 Ibidem, p. 444.

de pensamento, diríamos que a tese seria o período das montagens das peças de Tchékhov, o surgimento da encenação e uma nova dinâmica de tempo e espaço. A antítese seria o mergulho nas peças simbolistas, a busca de um teatro estilizado. E a síntese, a montagem de *Um Mês no Campo*, que reúne toda a experiência da tese e antítese.

O conhecimento de Stanislávski sobre a obra de Tchékhov, "o poeta do cotidiano, [que] eterniza o transitório, foca o movimento de alma de suas personagens – peripécias não acontecem na trama, mas dentro de cada um deles"[9], contribui significativamente para a leitura do conteúdo da peça de Turguêniev, uma vez que, assim como em Tchékhov, as questões relevantes do texto residem no interior das personagens.

Na sua partitura de direção, Stanislávski fez uma analogia entre as personagens Sônia e Elena da peça *Tio Vânia*, de Tchékhov, e Natália e Vera, de Turguêniev, quando Vera pergunta para Natália se ela se casou por amor.

> A pergunta inesperada pega no ponto mais crítico. Natália Petrovna olha longamente com os olhos abertos. Vera a obriga a se aprofundar. Começa uma incomum e profunda sinceridade. Ela algum dia pensava, secretamente para si, que não se casou por amor. Ela não podia admitir isso – ela ama Arkádi (na verdade, não). E de repente, então, a garota foi capaz de pegá-la tão simplesmente pelo ponto mais doído. Ela descobre, como se fosse pela primeira vez, que não se casou por amor. Aperta as mãos de Vera – de tanta tensão interna. E quem sabe, se Beliáiev e Rakítin não estivessem aqui por perto, elas não seriam grandes amigas em dois, três dias e noites. (Elena e Sônia, *Tio Vânia*)[10].

---

9 P. Herreiras. *A Poética Dramática de Tchékhov*, p. 93.
10 *Rejissiórskie Ekzempliari K.S. Stanislávskogo*, v. 5, p. 471

Stanislávski tinha uma grande preocupação com o tempo-ritmo da peça. Em seu *Iz Zapisnikh Kníjek* (Dos Cadernos de Anotações), diz que se faz necessário encontrar o tempo-ritmo de forma precisa, fazendo uma relação entre as peças de Turguêniev e Tchékhov. Na sua correspondência, ele relata que em Tchékhov o tempo-ritmo é lento, bem como sua mudança. Já em Turguêniev, é completamente diferente, com mudanças rápidas[11]. Essas mudanças rápidas de tempo-ritmo se devem à enorme variação de estado das personagens. Em função disso, ele propõe o seguinte exercício:

> Comunicar-se (até o fim) com um objeto no mesmo tom afetivo e depois rapidamente mudar de objeto e tom afetivo (assim várias vezes). Fechar-se no seu próprio círculo e, depois, rapidamente sair dele e se comunicar com o novo objeto indicado etc. Com esse movimento de energia, o caráter de procedimento de alma é absolutamente diferente do tempo lento de comunicação. Por isso, desde o início tem que encontrar o ritmo e o tempo preciso da energia de vontade.[12]

Stanislávski é influenciado por Meierhold em relação à cena teatral. Ele aprecia as ideias cênicas propostas por Meierhold, não apenas em sua montagem de *A Morte de Tintagiles,* mas também em *Irmã Beatriz,* ambas de Maeterlinck, montadas no Teatro Komissarjévskaia, em 1906. Para Meierhold, o novo teatro surge da literatura simbolista e para revelar o indizível, como nas peças de Maeterlinck, se faz necessário lançar mão de vários elementos cênicos de que o texto por si só não dá conta.

> Se examinarmos o que recusamos do texto, se analisarmos esse grande resíduo, constataremos que tudo é literatura, às vezes boa, às vezes ruim, mas literatura. E para que esses

---

11 *Iz Zapisnikh Kníjek*, p. 350.
12 Ibidem.

"valores" literários não tenham que desaparecer por si mesmos no turbilhão da ação cênica, decidimos suprimi-los para ajudar a ação cênica.[13]

Stanislávski considerava a peça *Um Mês no Campo*, na sua íntegra, impossível de ser encenada. Editou e cortou vários diálogos longos de algumas cenas, não só para diminuir sua extensão, como fora feito em montagens anteriores, mas também para valorizar a cena, focando no essencial para a encenação. Pela primeira vez na história do Teatro de Arte, o texto deixou de ser inviolável. O diretor, como autor da encenação, passa a expressar sua visão do texto literário para que ele possa ser transposto à cena por meio de todos os elementos cênicos, como o trabalho dos atores, cenário, iluminação e sonoridades. Ou seja, o texto é um elemento da cena, e não mais o centro dela.

Stanislávski, na sua encenação, fez a opção pela imobilidade cênica dos atores, que pareciam estar pregados nas cadeiras, dando a sensação de fazer parte do cenário. Algo semelhante aconteceu com Meierhold na montagem de *Irmã Beatriz* nessa integração entre cenário e atores. "A cena é reduzida a uma passagem estreita sobre um fundo colorido de tapeçaria ouro-velho, inspirada na Renascença italiana, para dar a impressão de que as personagens saem desta."[14]

Essa opção pela imobilidade cênica nos remete ao teatro estático de Maeterlinck, bem como as encenações de Meierhold em *A Morte de Tintagiles* e *Irmã Beatriz*, que levaram para a cena o estático, um agrupamento formal com o objetivo de revelar o invisível. Outra semelhança com Meierhold são as entonações que Stanislávski exige de seus atores. "Parecem reminiscência dos esforços de Meierhold para atingir uma forma de discurso estilizado como o da montagem de *Irmã Beatriz*."[15]

---

13 B. Picon-Vallin, Texto Literário, Texto Cênico, Partitura do Espetáculo na Prática Teatral Russa, em A. Cavaliere, E Vássina (orgs.), *Teatro Russo: Literatura e Espetáculo*, p. 323.
14 G. Abensour, *Vsévolod Meierhold*, p. 153.
15 E. Braum, *Meyerhold on Theatre*, p. 54.

A cenografia é um fator preponderante na encenação de Stanislávski. Ele deseja inovar os cenários e figurinos, almejando uma comunicação com a ação cênica e a atmosfera da peça. Nessa época, as indicações do autor eram a premissa para a construção de cenários e figurinos. Ao contrário das peças de Tchékhov, ele aspirava reduzir o cenário ao mínimo, apenas sugerir o ambiente. Essa busca da essência cenográfica é uma influência de Gordon Craig, que ensaiou *Hamlet* no Teatro de Arte na mesma época que ocorriam os ensaios de *Um Mês no Campo*. No início de 1909, Craig mostra para Stanislávski seu plano de montagem, que tinha um caráter simbólico e abstrato, com uma síntese cenográfica que iria encantar Stanislávski:

> Já descrente, como eu, das técnicas habituais e dos recursos de montagem como os bastidores, as bambolinas, as decorações planas etc., Craig abriu mão de todo esse ramerrão teatral e apelou para os simples biombos, que se podiam dispor no palco, em combinações infinitamente diversas. Elas nos insinuavam formas arquitetônicas; ângulos, nichos, ruas, vielas, salas, torres etc. As insinuações eram completadas pela imaginação do próprio espectador, que assim se incorporava à criação.[16]

Turguêniev por Stanislávski

Para Stanislávski, os papéis mais importantes para a realização cênica de *Um Mês no Campo* são os de Rakítin (feito por ele) e Natália (feito por Knípper), por se tratarem de personagens com um profundo e rico teor psicológico, além do jovem tutor Beliáiev

---

16 *Minha Vida na Arte*, p. 455.

(feito por Richard Boleslávski[17]), da filha adotiva de Natália, a jovem Vera (feita por Lídia Kóreneva[18]). As outras personagens mal são citadas em sua partitura de direção.

Stanislávski leva para a cena uma característica preponderante no desenvolvimento da peça de Turguêniev, as oposições. A mais evidente é a própria encenação com a imobilidade dos atores, contrapondo a paixão ardente que se instala no coração das personagens. "Turguêniev: ele foi muito importante para nós como escritor por causa de seu enorme conteúdo interior. Lembrem como fomos austeros na montagem de sua peça, do ponto de vista dos fatores externos e de como fomos escassos até mesmo com nossos gestos."[19]

No diálogo a seguir entre Natália e Rakítin, no primeiro ato (já mencionado no capítulo anterior), podemos verificar como Stanislávski se apropria cenicamente das oposições. Ele alterna, na cena, brincadeira e seriedade, gerando uma atmosfera de tensão na relação entre as personagens.

N. 9.

RAKÍTIN: O que você quer dizer com isso? NATÁLIA: Não é mesmo [...] Faz uma coisa: procure observar bem ele. Ele me agrada. É magro, esbelto, com um sorriso alegre, um olhar atrevido [...] Você vai ver. Bom, ele é um pouco desajeitado [...] E, para você, isso é defeito.	*Relação crítica com Rakítin, venenosa.*

N. 11.

Rakítin: Natália Petrovna, você está contra mim, hein?	*Reprimenda amigável, com um sorriso do gênero* causerie.

...

17 Ator de origem polonesa, trabalhou no Teatro de Arte entre 1908 e 1918. Migrou para os Estados Unidos em 1922.
18 Após sua formação na Escola da Arte Dramática do Teatro de Arte, ingressou no grupo do TAM em 1907, permanecendo até 1920.
19 *Stanislavsky on the Art of the Stage*, p. 131.

N. 12.

| NATÁLIA: Mas, sem brincadeira, procure se interessar por ele. Eu tenho a impressão de que ele promete muito. Mas, afinal, o que se pode saber? | *De novo, uma relação muito leve para se considerar apaixonada* |

N. 13.

| RAKÍTIN: Você está me deixando curioso.
NATÁLIA (*com ar pensativo*): Verdade? | *Brincadeira – Causerie.* |

N. 14.

| RAKÍTIN: Se redressa haletant, et...
NATÁLIA (*olhando, de repente, ao redor de si*): Onde está Vera? Eu não vejo Vera desde manhã. Deixe esse livro! Estou vendo que nós não vamos conseguir ler nada hoje [...] Em vez disso, me conta alguma coisa. | *Não mantém a atenção, ou seja, completa desatenção ao livro, se concentra levemente em Vera.* |

N. 15.

| RAKÍTIN: Às suas ordens [...] Contar o quê? [...] Você sabe, eu passei alguns dias na casa dos Krinítsin [...] Pois imagine você que os nossos recém-casados já estão começando a se entediar.
NATÁLIA: Como você percebeu?
RAKÍTIN: Alguém consegue disfarçar o tédio? A gente pode disfaçar tudo, mas não o tédio. | *Joga a frase desatentamente.* |

N. 16.

| NATÁLIA (*depois de ter olhado*): O resto a gente pode disfarçar?
RAKÍTIN (*depois de um curto silêncio*): Eu acho que sim. | *Intimidade. Séria, pensativa, concentrada – para ela, para Rakítin profundidade e muita seriedade. Destacar essas réplicas.* |

N. 17.

NATÁLIA (*baixando os olhos*): Então [...] O que você fez na casa dos Krinítsin? RAKÍTIN: Nada. Me entediei na companhia de amigos. É horrível. Você se sente bem, está bem acomodado, gosta deles. Não tem motivo nenhum para se aborrecer e, mesmo assim, morre de tédio. O coração começa a gemer à toa, como se estivesse com fome. NATÁLIA: Se percebe que você se entediou com os amigos.	*Novamente causerie, que ela não escuta.*

N.18.

RAKÍTIN: Como se você não soubesse o que significa a presença de alguém que a gente ama e que mesmo assim nos entedia. NATÁLIA (*lentamente*): Que a gente ama. Que grande frase! Você fala um pouco por enigma. RAKÍTIN: Enigma? [...] Por que por enigma?	*Rakítin sente profundamente. Ela também entra na concentração que mantém seu estado de atenção.*

A cena continua nessa alternância até a entrada de Beliáiev na sala, quando toda a atenção de Natália se voltará para ele, com uma mudança de atmosfera por meio de um tempo-ritmo mais pulsante. Outro exemplo de oposição que Stanislávski ressalta é entre Beliáiev e Rakítin, personagens com diferentes tempos um do outro, com pontos de vista distintos em relação ao amor: "Atenção, transmitir a diferença entre o homem velho e o jovem. Rakítin estuda Beliáiev (me mostre quem você é)."[20]

Mais uma característica de Turguêniev que Stanislávski leva para a cena é a relação entre as personagens e a natureza, com o intuito de aproximar "vida" e "arte". Para Stanislávski, a beleza da vida e a poesia, para uma expressão cênica, residem na natureza.

---
20 *Rejissiórskie Ekzempliari K.S. Stanislávskogo: 1905-1909*, v. 5, p. 439.

Natália "havia passado toda a sua vida na luxuosa sala de visitas, no meio de todos os convencionalismos da época [...] muito espartilhada, longe da natureza", praticamente "uma planta de estufa". A introdução de Beliáiev nesse ambiente representa a força da natureza. Quando Natália se apaixona por Beliáiev, "começa a catástrofe geral"[21].

Rakítin e Natália representam a cultura civilizada, a tradição aristocrática transposta para o campo. Tudo o que Natália representa é ameaçado pelo poder da paixão, à qual ela sucumbe. Rakítin não se entrega ao amor em função de uma longa amizade com o marido de Natália. Stanislávski coloca toda a atenção na relação entre Natália e Rakítin, pois ambos são consumidos por forças opostas: a força interna do desejo e as regras externas da conduta social. Stanislávski exemplifica essas forças opostas na personagem de Natália:

> Pouco a pouco, durante toda a peça, no seu amor por Beliáiev acontece a luta de duas paixões opostas: ora de arrependimento, ora de tentação. No início, o prato esquerdo da balança desce e, às vezes, inclina-se um pouco para a direita. Quer dizer que a tentação aparece raramente e o dever fica acima. Depois, o prato direito inclina-se e fica um pouco mais pesado. Quer dizer que a tentação fica cada vez mais frequente e forte. E no final das contas, o prato direito fica pesado e cai. O prato esquerdo fica no ar, ou seja, a paixão vence o dever. Na luta desses dois princípios e no fortalecimento gradual da paixão sobre o dever, é nisso que consiste o amor.[22]

Agudizar os conflitos será uma prática constante nos trabalhos futuros de Stanislávski. Segundo um dos maiores teóricos e críticos de literatura e teatro, Boris Zinguerman, a qualidade misteriosa da

---
21 *Minha Vida na Arte*, p. 443.
22 *Iz Zapisnikh Kníjek*, p. 350-351.

arte cênica de Stanislávski consistia no fato de que, quanto mais ele fortalecia e aprofundava o conflito da peça, mais harmoniosa se tornava a estrutura geral da obra. O interessante é que alguns estudiosos da obra *Um Mês no Campo* também ressaltam que a harmonia da estrutura dramatúrgica do autor advém do uso de oposições. Essa ideia nos remete à interação entre as forças opostas *yin* e *yang* (o feminino e o masculino), presente no taoísmo, filosofia chinesa, segundo a qual o homem encontra o equilíbrio por meio da harmonia de suas energias antagônicas.

Forças opostas, de acordo com Stanislávski, residem em qualquer ser humano durante sua vida. No entanto, transformá-las em arte é uma tarefa árdua, que exige alto grau de comprometimento, um olhar para dentro de si.

Na encenação de Stanislávski, é essencial o trabalho dos atores e, para isso, é necessário um alto grau de colaboração em relação ao processo criativo. *Um Mês no Campo,* como apontaram alguns críticos, é uma peça que demanda uma atuação especial, e não é à toa que Stanislávski decide aplicar pela primeira vez seu sistema nessa montagem.

Trabalho Com os Atores – O Sistema Colocado em Prática

A partir de 1906, Stanislávski coloca um foco maior na arte do ator e, com o passar dos anos, essa questão se intensifica substancialmente. Conforme vai progredindo nas suas descobertas, mais anseia por novas ferramentas para o ator expressar não a vida, mas sua imaterialidade.

Para Stanislávski, o encenador deve ter como objetivo despertar o talento do ator e colocá-lo no caminho da criação, onde a fonte reside no inconsciente, que oferece *flashes* de inspiração. Porém, só ter inspiração não basta, é preciso fixá-la. Mergulhar em um caminho sem volta para encontrar essa passagem para o mundo interior. Em novembro de 1908, Nemiróvitch-Dântchenko faz a seguinte afirmação sobre o foco de Stanislávski no ator:

> Eu diria que nenhuma montagem no Teatro de Arte de Moscou até o momento tenha ficado nas mãos dos atores a tal grau. Nenhum detalhe da montagem poderia atrapalhar os atores. Stanislávski não é mais o diretor que havia sido, como, por exemplo, em *O Pássaro Azul*, quando se tornou um professor. A essência de todo o trabalho de *O Inspetor Geral* consiste em uma investigação psicológica das personagens e uma redescoberta do discurso simples e direto.[23]

Stanislávski se envolve cada vez mais com a pesquisa e a formação de atores potentes, capazes de expressar a vida do espírito humano. Ele está convencido de que esse caminho é necessário para um teatro que ressoe em profundidade na alma da plateia. "As pessoas vão ao teatro para entretenimento, mas, sem que elas estejam conscientes disso, saem com suas emoções e pensamentos despertados, enriquecidos pela experiência de ter testemunhado a beleza da vida do espírito humano."[24]

Stanislávski precisa de uma nova forma de atuar, sem clichês, em que a verdade da personagem se encontre com a verdade mais íntima do ator. Para ele, a maioria das pessoas é de "atores" medianos no palco da vida. O ator, portanto, tem que ser disciplinado na arte para vivê-la na sua extensão máxima. Com certeza, esse é um processo difícil, que envolve muito esforço, persistência, dedicação absoluta e entrega completa. Stanislávski deseja transformar a vida em arte e, para tanto, se faz necessário um novo sistema de trabalho que possa "converter (quase em um sentido religioso) a natureza

---
23 J. Benedetti, *Stanislavski: A Biography*, p. 181.
24 *Stanislavsky on the Art of the Stage*, p. 198.

humana crua, uma matéria inerte e sem consciência, em outra forma superior de existência – a vida em arte"[25]:

> Os fios da sutil renda amorosa que Turguêniev tece de forma tão magistral, exigiram dos atores, a exemplo de no O Drama da Vida, uma interpretação, que permitisse ao espectador deleitar-se aos desenhos caprichosos da psicologia de corações que amam, sofrem e são torturados pelo ciúmes. Se interpretássemos Turguêniev com as técnicas comuns de interpretação, suas peças perderiam o caráter cênico.[26]

Para realizar suas aspirações, Stanislávski, em sua montagem de Um Mês no Campo, coloca pela primeira vez seu sistema em prática e propõe pontes de intersecção entre o Ocidente e o Oriente. Do Ocidente, utiliza a psicologia experimental de Théodule Ribot, e, do Oriente, elementos da ioga.

Ioga

A grande questão de Stanislávski com o movimento simbolista foi: como comunicar o inefável da experiência humana. Essa inquietação começa em um momento de crise, quando ele parte em viagem para a Finlândia, em 1906, em busca de respostas. Ele se interessa, assim como os artistas simbolistas, pelo ocultismo e espiritualismo do Oriente, em particular pela ioga, em que encontrou ressonância para sua questão.

A espiritualidade é sempre uma questão importante para Stanislávski. Com uma formação religiosa sólida, ele deseja criar uma

---
25 N. Worrall, op. cit., p. 184.
26 Minha Vida na Arte, p. 444.

religião da arte, pois, para ele, a essência da arte reside no seu conteúdo espiritual:

> O verdadeiro sacerdote tem consciência da presença do altar durante todos os instantes em que oficia um ato religioso. Exatamente assim é que o verdadeiro artista deve reagir no palco durante todo o tempo em que estiver no teatro. O ator que não for capaz de ter este sentimento nunca será um artista verdadeiro.[27]

O pensamento espiritualista do grande escritor Lev Tolstói teve grande influencia em Stanislávski. Sua admiração fica bem evidente quando escreve uma nota na ocasião da morte do escritor: "Que felicidade de ter vivido na mesma época que Tolstói e como é terrível permanecer na terra sem ele."[28] O pensamento de Tolstói sobre arte está intimamente ligado aos anseios de Stanislávski na busca de uma arte verdadeira. Assim Tolstói define a arte: "A arte é uma atividade humana que consiste no fato de que um homem consciente, por meio de alguns signos externos, passa adiante sentimentos que ele viveu. As pessoas são afetadas por estes sentimentos e também os experienciam."[29]

Na visão de Stanislávski, o ator deve viver o papel para expressar sentimentos genuínos e, com isso, uma verdadeira comunicação com a plateia seja estabelecida, a transmissão de energia espiritual entre seres humanos.

A maior influência de Tolstói vem do grande parceiro de Stanislávski nesse caminho espiritual, Sulerjítski, que tinha grande conhecimento da filosofia oriental. Ele adotou os valores espirituais de Tolstói e foi testemunha das práticas meditativas do grupo Dukhobors no Canadá. Seu conhecimento não teatral traz para o

---

27 A Construção da Personagem, p. 333-337.
28 D. Mgarshack, Stanislavsky: A Life, p. 319.
29 B. Lloyd, Stanislavsky, Spirituality, and the Problem of the Wounded Actor, New Theatre Quarterly, v. 22, n. 1, p. 70-75.

Teatro de Arte uma bagagem repleta de material espiritual, como afirma Stanislávski: "Sulerjítski trouxe para o teatro um enorme suprimento de material fresco e espiritual vital direto da mãe terra. Ele trouxe para o teatro a verdadeira poesia das pradarias, do campo e da natureza, bem como valiosas observações artísticas e ideias religiosas e filosóficas originais."[30]

As várias noções extraídas da filosofia oriental direcionam Stanislávski no caminho para seu sistema. Ele adapta vários exercícios específicos da ioga com o objetivo de ajudar os atores a transcender os limites físicos e atingir o mais alto nível de consciência criativa. O aspecto físico da ioga é como um limiar para o espiritual, uma comunicação orgânica entre o corpo e a alma.

A ioga, por definição, é a interação física, mental e espiritual, que tem como objetivo a união do espírito humano com o ser essencial. É uma disciplina espiritual que utiliza o corpo para expressar as emoções e os sentimentos de forma harmônica. Segundo a pesquisadora Sharon Marie Carnicke, Stanislávski utilizará, em seu sistema, elementos como "relaxamento muscular", "concentração" e "comunhão" (comunicação) a partir da ioga. Ele relata:

> pude observar em mim e nos outros que no estado criador, cabia um papel muito grande à liberdade do corpo, à ausência de qualquer tensão muscular e à absoluta submissão de todo aparelho físico às ordens da vontade do artista. Graças a essa disciplina, consegue-se um trabalho criador magnificamente organizado, no qual o artista pode expressar com o corpo, de forma livre e desimpedida, tudo o que sente sua alma. [31]

No processo de atuação, o ator tem que aprender a escutar o corpo, estar aberto para as sensações das palavras de um texto que afeta seu interior, ou seja, é necessário ter um corpo livre de tensões

---
30 D. Magarshack, op. cit., p. 284.
31 *Minha Vida na Arte*, p. 413.

e de ideias preconcebidas para manifestar sua essência, tendo fluidez espiritual. A tensão resulta em um corpo rígido, paralisa nossas ações, impede o trabalho interior e, portanto, a vivência. Para que o relaxamento muscular se estabeleça, é necessário um alto grau de concentração. Isso leva Stanislávski a perceber que:

> a criação é acima de tudo a *plena concentração de toda a natureza espiritual e física*. Abrange não só a visão e audição, mas todos os cinco sentidos do homem. Abrange, ademais, o corpo, o pensamento, a mente, a vontade, o sentimento, a memória e a imaginação. Toda natureza espiritual e física, no processo criador, deve estar voltada para o que ocorre ou pode ocorrer na alma da personagem que está sendo representado.[32]

A concentração total de corpo, mente e espírito aumenta a capacidade de percepção do ator, como afirma o ator Yoshi Oida: "Uma vez neste estado, começamos a perceber a existência de algo além de nossa energia pessoal."[33] A concentração tem que ocorrer durante todo o espetáculo: quanto mais o ator estiver concentrado, mais o público ficará focado no que está acontecendo no palco. Um ator tem que olhar para as coisas e ver em cena, ficar interessado em alguma coisa no palco, e não na plateia. A atenção intensifica a observação e, com isso, surge a ação. Stanislávski divide a concentração em pequenos, médios e grandes "círculos de atenção". No pequeno círculo, o ator deve focar nos objetos à sua volta e seus detalhes. O médio círculo de atenção abrange uma área mais ampla, que envolve também outros atores. O grande círculo inclui todo o palco e a plateia. Esses círculos são denominados por Stanislávski como atenção exterior. Já as coisas que vemos, ouvimos, tocamos e sentimos em circunstâncias imaginárias formam a atenção interior, que é a mais presente na vida do ator. Os objetos da atenção interior envolvem toda a extensão dos cinco sentidos.

---

32 Idem, p. 414.
33 *O Ator Invisível*, p. 25.

Stanislávski ressalta ainda a importância da observação na vida real: da mesma forma que fisicamente precisamos de alimento, nosso interior também carece de alimento. E a natureza é uma das fontes de alimento e deve ser constante objeto de observação. O belo pode estar no feio e vice-versa, e isso torna o trabalho criador mais rico e profundo.

Um elemento que está intimamente ligado à concentração é a comunhão. Quando estamos concentrados em um objeto, estamos em comunhão com ele, assim como com o parceiro de cena e a plateia. Para que a comunicação se estabeleça, precisamos de um sujeito e um objeto. Stanislávski divide essa comunicação em três formas: a primeira é a autocomunhão, em que o sujeito é a mente, o objeto é o plexo solar[34]. Ele se relaciona consigo mesmo, com os seus sentimentos, percebe o próprio corpo e conecta mente-coração. A autocomunhão permite uma apropriação do estado interior, dando liberdade às formas exteriores – quando nosso corpo está ligado ao ser interior, em autocomunhão, a mínima mudança física evoca diferentes sensações internas.

A segunda forma é a comunhão entre os atores, que visa estabelecer uma verdadeira troca de ser humano para ser humano, fundamento vital para o teatro. Segundo Stanislávski, não há coisa pior do que um ator contracenar com o parceiro e ver outra pessoa. A verdadeira comunicação busca a alma, uma relação entre nossa energia interior e a do outro. O ator tem que ser capaz de estar aberto para o outro, segundo relata Yoshi Oida: "O que conta é quando a verdade de um ator encontra a verdade de um outro."[35]

A terceira forma é a comunhão com a plateia, pois o público é elemento fundamental para que o fenômeno teatral se estabeleça. Essa relação é indireta, ou seja, não é preciso olhar para o público para nos comunicarmos com ele. A concentração no que estamos

---

34 Localizado no início da cavidade abdominal (popularmente, a "boca" do estômago), segundo os hindus, região energética ligada à realização pessoal e à voz interior, onde se localizam as emoções.
35 *Um Ator Errante*, p. 69.

fazendo e a comunhão no palco permitem a liberação da imaginação do público, pois o espetáculo é feito com ele e não para ele, estabelecendo-se assim uma verdadeira comunicação.

Stanislávski define essas formas de comunhão como um processo externo. Há outro processo, o interno, uma comunicação não verbal, que consiste em emanar e receber raios de energia para estabelecer um elo invisível entre sujeito e objeto. Essa energia a que Stanislávski se refere é a que os hindus chamam de *prana*, energia que dá vida ao corpo, energia vital.

Para expressar a complexa e profunda psicologia das personagens de *Um Mês no Campo*, Stanislávski acreditava que era preciso um alto grau de concentração; que para comunicar o inefável "eram necessárias irradiações invisíveis de vontade e sentimento criadores"[36].

Stanislávski instruiu os atores nas técnicas de relaxamento da ioga, demonstrando a relação entre o controle da respiração e a tensão corporal. Os exercícios eram aplicados usando uma linguagem não verbal, em que os atores não poderiam simplesmente pronunciar seus textos. Eles deveriam "irradiar" seus estados mentais. Às vezes, ele pedia para os atores comunicarem suas réplicas somente através do olhar. Os trechos cortados da peça deveriam ser transmitidos através de subtextos e estar somente no pensamento. Para ele, a comunicação é o desejo de transmitir ao outro suas sensações e pensamentos e receber do outro os pensamentos e sensações.

No processo de *Um Mês no Campo*, Stanislávski dá bastante ênfase à concentração, ensinando os atores a focarem a atenção nos objetos e em círculos de atenção em volta do palco. Os atores deveriam estar no círculo de atenção para que a comunicação pudesse ser estabelecida. Podemos ver o exemplo no seguinte comentário:

Círculo de Atenção. Observa-se na Koonen o seguinte estado. Ela se fecha no círculo, desenvolve a comunicação e acorda

[36] *Minha Vida na Arte*, p. 444.

a energia. Parece que ela está pronta para uma verdadeira vivência (*perejivánie*). Mas basta dizer-lhe "comece" e ela fica tímida e preocupada com a preparação para o início, e todo o trabalho anterior vira fumaça. Ela já está fora do círculo, com o fluxo de comunicação interrompido.[37]

Stanislávski, durante os ensaios de *Um Mês no Campo*, ficou bastante entusiasmado com as experiências usando elementos da ioga, conceito que ele já havia aplicado em *O Drama da Vida*, sem muito sucesso. Desta vez, a técnica não foi usada para transmitir o abstrato e simbólico, e sim para expressar a ação psicológica verdadeira. "Você lembra minha conversa sobre concentração criativa e círculos de atenção? Eu tenho desenvolvido este círculo de atenção em mim de tal maneira que isto fica comigo dia e noite", escreveu Stanislávski[38].

A partir de 1911, Stanislávski se aprofundou ainda mais nos estudos sobre ioga. Ele usou como fontes vários livros sobre hata-ioga, disciplina física que se baseia no fortalecimento do corpo pelo controle da respiração, e a raja ioga, treinamento mental que ensina concentração e meditação. Em sua biblioteca, havia vários livros traduzidos para o russo de William Walker Atkinson (1862-1932), conhecido como Yogi Ramacháraka. Da hata ioga, Stanislávski adotou técnicas de respiração e relaxamento. Da raja ioga, pegou a ideia da natureza do inconsciente e diversas maneiras de aguçar a concentração, atenção e observação. Ramacháraka relata:

> Estamos acostumados a pensar que percebemos todas as sensações recebidas pela nossa mente; mas não é assim. As regiões inconscientes da mente são incomparavelmente maiores do que a pequena área consciente em que geralmente pensamos quando dizemos "minha mente".[39]

---
37 *Iz Zapisnikh Knîjek*, p. 351.
38 N. Worral, op. cit., p. 174.
39 *Raja Yoga*, p. 56-57.

Essa afirmação do iogue vem ao encontro dos princípios de Stanislávski de explorar o inconsciente por meios conscientes. Enquanto Tolstói oferece caminhos para descrever o estado criativo, Ramacháraka propõe uma abordagem concreta e prática para o trabalho do processo criativo, em que Stanislávski vai aprofundar sua técnica interior por meio de exercícios sugeridos por Ramacháraka no Primeiro Estúdio, fundado em 1912, sob a batuta de Sulerjítski.

Memória Emotiva

As personagens de *Um Mês no Campo* passam por uma multiplicidade de estados emocionais, exigindo assim um estudo minucioso de sua psicologia. Stanislávski acredita que os atores devem compreender essa complexidade psicológica para poder vivenciar seus papéis. Essa compreensão viria de uma aproximação das experiências pessoais equivalentes aos sentimentos experienciados pelas personagens. A teoria da memória emotiva é colocada à prova. É a primeira vez que um estudo científico é utilizado em um processo de criação.

Em 1908, em Hamburgo, Stanislávski, como ele mesmo relata, conhece uma pessoa muito educada e de muitas leituras, que, em uma conversa casual, lhe faz a seguinte pergunta:

> Você sabia, ele disse para mim, que os sentimentos e a criatividade do artista são embasados na lembrança das memórias e sentimentos afetivos? [...] Eu não disse nada, mas imediatamente pedi que me fossem enviadas publicações que falassem sobre o assunto. Logo, recebi as brochuras de Ribot.[40]

---

40 I. Vinográdskaia, *Jizn I Tvortchestvo K.S.Stanislávskogo*, p. 128.

Assim que recebe os textos do psicólogo francês Théodule Ribot – *Les Maladies de La Mémoire* (com anotações à margem de algumas páginas) e *Les Maladies de La Volonté* –, Stanislávski os lê imediatamente, porém, a leitura mais significativa foi *La Psychologie des Sentiments*, publicada em 1906, em São Petersburgo, e lida por Stanislávski antes dos ensaios de *Um Mês no Campo*. Segundo o pesquisador Jean Benedetti, outros livros de Ribot foram encontrados em sua biblioteca: *Psychologie de l'attention*, *L'Évolution des idées générales* e *La logique des sentiments*[41].

Théodule Ribot (1839-1916) é considerado o fundador da psicologia científica francesa, responsável pela introdução da psicologia experimental na França. É dele um conhecido enunciado sobre a memória: as recordações mais recentes, mais complexas e sem significado afetivo desaparecem mais depressa do que as antigas, simples e carregadas de emoções. Ribot afirma que a natureza do homem é composta por muitos sentimentos que ficam registrados em lugares da memória, mas nem sempre disponíveis. Tais sentimentos "escondidos", segundo o psicólogo francês, se estimulados através dos sentidos (olfato, tato, paladar, audição), são como um gatilho para a memória, que permite ao paciente não apenas avivar uma experiência, mas um grupo de experiências semelhantes, que se misturam para criar um único estado emocional. Então é possível, segundo Ribot, recriar eventos passados para liberar emoções vividas. Não só isso, uma experiência similar pode se fundir com sentimentos vividos, ou seja, a memória de uma determinada experiência pode evocar memórias de experiências similares. As experiências de amor, ódio, inveja e medo se misturam, de modo que um indivíduo pode experimentar uma forte emoção sem estar relacionada a um evento específico.

O fato de a memória de experiências passadas ficar registrada no sistema nervoso e necessitar de estímulo para se tornar consciente chamou a atenção de Stanislávski por ser uma técnica pela qual

---

41 *Stanislavsky: An Introduction*, p. 31.

a memória dos atores poderia estar disponível para o processo criativo. Ele também se interessou pela descoberta de Ribot, de que a vontade tem um papel positivo na recuperação de pacientes e o grau de convalescença pode depender do desejo de sarar. A problemática da vontade passou a ocupar a mente de Stanislávski:

> Uma deficiência na arte criativa decepciona e produz no papel um sintoma muito semelhante ao de uma doença [...] A ação automática é compreensível no cotidiano da vida [...] A fraqueza de motivo não estimula a ação. Qual deve ser o motivo do ator para convencer na vida de outra pessoa?[42]

É possível perceber que Stanislávski buscava um meio para incitar a vontade do ator visando a um mergulho na psicologia da personagem. A memória podia ser de grande utilidade para a criação de um papel desprovido de clichês. Se o ator conseguisse definir a emoção exigida dele em um determinado momento da peça, por meio dos sentidos e com grande auxílio da imaginação, ele poderia estimular um sentimento análogo a partir da própria experiência pessoal. Com isso, a atuação alcançaria um novo nível de realidade e seria a ponte para as diferenças entre o ator como indivíduo e o ator como intérprete.

Um dos grandes motivos pelos quais Stanislávski se interessou pela psicologia de Ribot foi o fato de o psicólogo associar a verdadeira memória a estados orgânicos e fisiológicos, que farão dela uma emoção real: "Uma emoção que não vibra por todo o corpo não é nada além de um estado intelectual."[43]

Sendo assim, a emoção é uma experiência psicofísica que deve ser construída durante o processo de criação como estímulo interior em conjunto com a concentração, comunhão, relaxamento muscular e a imaginação. "As emoções estão inextricavelmente

---

42 J. Benedetti, *Moscow Art Theatre Letters*, p. 180.
43 *The Psychology of the Emotions*, p. 162-163.

entrelaçadas com todo o desenvolvimento do ator e o desenvolvimento do ator no papel."[44] O ator, da mesma forma que memoriza toda sua movimentação no palco, deve também memorizar suas emoções, a "memória afetiva", que mais tarde passa a ser denominada "memória emotiva". "Ribot forneceu para Stanislávski a chave para acessar o inconsciente do ator."[45]

Para Stanislávski, nosso inconsciente nos acompanha na vida diária constantemente, assim como a memória emotiva, que compõe uma parte do humano. Então, se a memória emotiva é uma parte normal do cotidiano, também deveria ser do processo criativo, podendo proporcionar uma fonte infinita para a imaginação.

A memória emotiva é um elemento bastante polêmico no sistema Stanislávski. Tudo começa quando Boleslávski, ator de *Um Mês no Campo* e integrante do Primeiro Estúdio, deixa o Teatro de Arte em 1918 e chega aos Estados Unidos em 1922 com o objetivo de disseminar o sistema Stanislávski, que, na opinião dele, deveria ser adaptado para as condições culturais dos americanos daquele tempo: "O teatro deve crescer aqui por si só, deve ter suas raízes em solo americano."[46]

Assim como para Stanislávski, a fonte de Boleslávski para a memória emotiva é o psicólogo francês Théodule Ribot, mencionado em seu livro[47]. O que se difere em Boleslávski é que ele faz uma abordagem psicanalítica do trabalho do ator, o que não acontece em Stanislávski, como afirma o pesquisador de teatro russo Jonathan Pitches:

> O fenômeno da memória afetiva é ideia de Ribot, mas a maneira como tais memórias são acessadas se deve, de forma significativa, à disciplina da psicanálise. Então, o que Boleslávski aprendeu sobre psicologia das emoções em seu

---
44 S.M. Carnicke, *Stanislavsky in Focus*, p. 149.
45 J. Benedetti, *Stanislavsky: An Introdution*, p. 31.
46 J.W. Roberts, *Richard Boleslavski*, p. 108
47 *A Arte do Ator*, p. 41

treinamento na Rússia está reunido no atuar com o método psicanalítico de Freud, uma abordagem que surge na prática de Boleslávski depois que chegou à América.[48]

A introdução psicanalítica na abordagem de Boleslávski se dá principalmente porque as ideias de Freud são largamente disseminadas nos Estados Unidos, tanto no âmbito médico como no artístico. Em Nova York, onde Boleslávski funda seu The Laboratory Theatre, ele se torna "o local-chave para o diálogo entre os médicos proponentes de Freud e os artistas e escritores que abraçaram suas ideias"[49].

Tanto Ribot como Stanislávski enfatizam a inconstância da emoção, enquanto Boleslávski a vê como um objeto de controle: "A questão é você voltar a ser como era então, comandar seu próprio ego, ir onde deseja ir e, quando lá estiver, permanecer lá para onde foi."[50]

Boleslávski, ao se adaptar ao *modus operandi* dos atores americanos, se distancia das ideias de Stanislávski, que ficarão ainda mais distantes com o trabalho de Lee Strasberg (1901-1982), que frequentou os cursos de Boleslávski no Laboratory Theatre durante seis meses e ali aprendeu a técnica da memória emotiva.

Strasberg, encantado com a interpretação dos atores do Teatro de Arte, funda em 1931 o Group Theatre e passa a ser o novo porta-voz de Stanislávski nos Estados Unidos, com uma interpretação muito particular de parcela do sistema Stanislávski. Para Strasberg, a memória emotiva passa a ser seu foco principal de trabalho, seu método, associado ao pensamento freudiano, com uma abordagem terapêutica para atuar: "A pessoa que deseja atuar deve enfrentar e superar bloqueios e repressões na psique a fim de libertar os meios de expressão. Por isso, sempre devemos nos preocupar com os

---

[48] *Science and Stanislavsky Tradition of Acting*, p. 95.
[49] Ibidem, p. 96.
[50] Op. cit, p. 43.

problemas pessoais do ator – porque eles afetam o comportamento do ator no palco."[51]

À frente do Actor's Studio a partir de 1951, Lee Strasberg e seu método ganham notoriedade e passam a ser difundidos amplamente, principalmente na preparação de atores para o cinema. Com isso, "nos Estados Unidos, a legitimidade do método torna-se uma técnica separada da memória afetiva"[52]. Para a estudiosa russa Tatiana Butrova, a diferença principal consiste em que:

> Stanislávski sublinhava a imaginação como o fundamento da interpretação do ator e, assim, conseguia chegar à verdade emocional, enquanto Strasberg extraía a verdade emocional das profundezas do inconsciente do ator. Esta inclinação exercia, certamente, uma forte atração no cinema, onde o primeiro plano sublinha a intimidade de certas cenas.[53]

Para Stanislávski, a memória emotiva objetiva estimular sentimentos adormecidos. Ele assegura não ser de seu propósito reviver experiências próprias em detalhes a cada dia:

> [...] vocês poderiam supor que o tipo ideal de memória das emoções seria aquela [sic] que pudesse reter e produzir as impressões em todos os exatos detalhes da sua primeira ocorrência, revivendo-as exatamente como foram sentidas na realidade. Mas, se assim fosse, o que seria de nosso sistema nervoso? Como suportariam a repetição de horrores com todos os seus detalhes originais, penosamente realísticos? A natureza humana não resistiria.[54]

---

51 S.M. Carnicke, op. cit., p. 161.
52 Ibidem, p. 148.
53 Apud A. Cavaliere; E. Vássina, A Herança de Stanislávski no Teatro Norte-Americano, em A. Cavaliere; E. Vássina (orgs.), op. cit., p. 213
54 *A Preparação do Ator*, p. 226- 227.

E ainda afirma:

> Você não pode repetir uma sensação acidental que lhe venha a ocorrer em cena, assim como não pode ressuscitar uma flor que morreu. Mais vale tentar criar alguma coisa nova do que desperdiçar esforço em coisas mortas. Como fazê-lo? Antes de mais nada, não se preocupe com a flor; basta regar as raízes ou plantar sementes novas. A maioria dos atores trabalha no sentido oposto. Quando eles conseguem algum sucesso casual num papel, querem repeti-lo e vão logo, diretamente, aos sentimentos. Mas isso é o mesmo que cultivar flores sem a colaboração da natureza – o que é impossível, a menos que estejamos dispostos a nos contentar com flores artificiais.[55]

Stanislávski diz que não devemos somente usar nossas próprias emoções, mas também compreender os sentimentos das outras pessoas: "Por isso, é preciso estudar as outras pessoas e aproximar-nos delas emocionalmente o máximo que nos for possível, até que nossa simpatia por elas se transforme em sentimentos propriamente nossos."[56]

No final dos anos 1920, ele esclarece algumas críticas em relação à memória emotiva:

> Várias opiniões expressas na imprensa pública afirmam que meu treinamento artístico do ator, que usa o meio da imaginação para alcançar a memória afetiva [emotiva], ou seja, as experiências emocionais pessoais do ator, tende, por várias razões, a limitar a esfera de sua criatividade, que depende de sua própria experiência pessoal, e, portanto, não lhe permite desempenhar papéis que não estejam em harmonia com sua constituição interna particular. Tal opinião está baseada

---

55 Ibidem, p. 224.
56 Ibidem, p. 229.

no mais puro mal entendido. Pois os mesmos elementos da realidade a partir da qual nossa fantasia molda suas criações desconhecidas também são desenhados a partir de nossa experiência limitada, ao passo que a riqueza e a variedade dessas criações são alcançadas pela combinação dos elementos retirados da experiência. A escala musical tem somente sete notas, o espectro solar somente sete cores primárias, ainda que as combinações de notas na música e de cores na pintura sejam inúmeras. O mesmo se deve dizer de nossas emoções fundamentais, que são preservadas na nossa memória afetiva [emotiva], assim como as coisas vistas por nós no mundo exterior estão preservadas em nossa memória intelectual: o número dessas emoções fundamentais na nossa própria experiência interior é limitado, mas as variações e combinações são tão numerosas quanto as combinações criadas a partir de nossa experiência externa pela atividade de nossa imaginação.[57]

Ele pontua ainda que o ator deve sempre aumentar seu círculo de impressões e sensações da vida, bem como desenvolver constantemente sua fantasia, desde que isso contribua para alcançar uma esfera maior na realização criativa e acrescente algo novo em seu desempenho. Mesmo estando envolvido emocionalmente pelo mundo imaginário construído com base na história, o ator deve acreditar em tudo o que está à sua volta, como no mundo real, sem esquecer que o que o circunda são apenas cenários e adereços.

Sem sombra de dúvida, para Stanislávski, a memória emotiva sempre esteve intimamente ligada à imaginação. Logo depois de ter estudado as teorias de Ribot, em março de 1909, um pouco antes dos ensaios de *Um Mês no Campo*, ele falou sobre suas novas ideias em uma conferência pública. Ele deu ênfase à memória emotiva e introduziu o que mais tarde seria chamado de "mágico

---

[57] *Stanislavski's Legacy*, p. 187-188.

se", uma alavanca para o plano da imaginação, que será um dos alicerces do sistema e trata da seguinte questão: os atores sabem, intelectualmente, que tudo em volta deles é irreal, mas, se as circunstâncias da peça colocadas pelo autor fossem verdadeiras, como o ator reagiria?

Em suas notas, Stanislávski lista um processo de seis etapas:

1. Estimulação da "vontade", criação de um compromisso com o texto do autor.
2. Pessoal, busca interna para obter material psicológico.
3. "Experiência"[58], processo de criação interna, em que o ator entra em acordo com a personagem, que não pertence a ele, e nela imerge.
4. "Fisicalização", processo em que o ator constrói uma imagem corporal para a personagem.
5. Síntese do interno e externo, psicológico e físico.
6. Impacto sobre o público.[59]

Divisão do Texto

Um mergulho profundo na psicologia das personagens, que têm uma grande variedade de estados emocionais, leva Stanislávski, pela primeira vez, a dividir o texto em fragmentos. Ele estabelece uma partitura dos estados psicológicos das personagens, que muitas vezes têm sentimentos contrastantes ao mesmo tempo. Para Stanislávski, representar dois estados psicológicos ao mesmo tempo é perigoso porque os atores podem ficar confusos. Em seu

---

58 *Perejivánie* é traduzida por Jean Benedetti por "experiência"; aqui sempre será traduzida como "vivência", mas, por se tratar de uma citação, as palavras do tradutor foram mantidas.
59 J. Benedetti, *Stanislavski and the Actor*, p. 196.

Dos Cadernos de Anotações, ele diz que o papel tem que ser dividido em momentos separados e o ator deve entrar pouco a pouco no caminho da inspiração. Em uma carta de 7 de novembro de 1909 enviada a Olga Knípper, há um trecho em que ele a orienta e menciona essa divisão do texto:

> [...] veja todo o papel e decida claramente de quais unidades ele é composto.
> Aqui eu quero esconder minha raiva; aqui quero confidenciar meus sentimentos com alguém; aqui estou pasmada e amedrontada; aqui estou tentando convencê-lo de que nada terrível aconteceu e, então, em alguns momentos, torno-me carinhosa, em outros, caprichosa, em outros tento ser enérgica. Depois, eu me perco mais uma vez em pensamentos. Quando Vérotchka chega, nem por um momento me exponho. Finalmente compreendo, faço o papel de uma dama e tento convencê-la de que ela deveria se casar.
> Em cada ponto do papel, procure por certos desejos, seus desejos, e elimine todos os desejos triviais – sobre a senhora e o público. Esse trabalho psicológico irá enfeitiçá-la. Quando isso acontecer, a senhora se distanciará daquilo que é indigno de um verdadeiro artista: o desejo de agradar e bajular o público.[60]

Na divisão dos fragmentos, Stanislávski fornece um esboço psicológico para cada personagem, não apenas um perfil geral, mas os estágios pelos quais os sentimentos e atitudes se desenvolvem e se transformam. Isso é mais claramente constatado, na sua partitura de direção, sobre a personagem Natália, no início do primeiro ato:

---

60 C.L. Takeda, *O Cotidiano de uma Lenda*, p. 324-325.

N. 6

NATÁLIA: Ele faz tudo com muito ardor [...] Se entrega demais. Isto é um defeito. Que é que você acha? RAKÍTIN: Concordo com você. NATÁLIA: Mas que tédio [...] Você sempre concorda comigo! RAKÍTIN: Você quer que eu fique sempre contra? Está bem, concordo! NATÁLIA: É eu queria [...] Eu quero [...] Eu quero que você queira! Leia, eu já disse. RAKÍTIN: Às suas ordens. (*Retoma o livro.*)	*Irritação. Graças ao aparecimento de Beliáiev, ela fica cada vez mais excitada; observa atentamente e até mesmo percebe e critica em Rakítin e no marido o que antes passava despercebido. Não se trata de irritação, mas de um capricho suave. Ela está mais observadora, concentrada e atenciosa. Sorriso interior.*[61]

N. 7

ANA: Como? Outra vez? (*À Natália.*) Não, isso é demais Natália! Natália! NATÁLIA: O que foi? ANA: Schaaf fica ganhando sempre. Ele tira sem parar sete e oito de copas. SCHAAF: E mais sete! ANA: Você ouviu? É horrível! NATÁLIA: É [...] Horrível!	*Dispersa. Ela está concentrada e exteriormente calma. Apareceu nela algo que a atrai para si mesma. Quando ela borda, facilmente fica perdida nos seus pensamentos; esse amor ainda indefinido, por enquanto, não a perturba. Por isso, ela pode ficar calma e concentrada em si mesma. Todo o exterior pode fazer com que ela saia da concentração. Ela pede a Chpiguélski e Rakítin que lhe contem alguma coisa, mas dentro de um segundo já não escuta. Acalma-se e de novo se concentra. É dessa forma que começa a calma épica. Ana e os outros falam o que pensam. Schaaf tem lições, cartas. Ana tem cartas, suas preocupações; seu marido, os negócios e a propriedade; e Rakítin, filosofia e paixão. Apenas ela não está como todos.*[62]

No trecho a seguir, percebemos que Stanislávski trabalha as partes a partir do todo. É preciso levar em consideração que é melhor começar o papel o mais calmamente possível, não sendo

---

61 Apagado por Stanislávski.
62 *Rejissiórskie Ekzempliari K.S. Stanislávskogo*, v. 5, p. 375-377.

necessário mostrar irritação, nem calma demais, nem veneno. É exatamente isso que nos mostra seu estado, mas na medida certa. Apenas Vera e Beliáiev são seus focos de atenção. Dessa forma, os pontos fundamentais de seu estado são os seguintes:

1. Ponto de partida das preocupações: concentração interna própria, que não quebra sua calma. Algum pensamento que atrai sua atenção.
2. Não há nada externo que tire sua concentração, ainda que possa chamar sua atenção por um segundo.
3. Relação crítica com Rakítin (especialmente) e infelicidade com o marido.

> Todos se preocupam se interessando pelas cartas, com a vida que passa, como se ela não fosse nada importante. Olga Leonárdovna deve pensar em como ficar dentro do espartilho (espartilho apertado daquela época). Ela pode se concentrar apenas no efeito exterior, mas não é esse o problema. É preciso que ela (por meio do material encontrado), "de grande princesa", escute muito atentamente a partir de suas possibilidades, responda etc. (ou seja, chegar ao espartilho por meio da concentração interna).[63]

Stanislávski aponta, em sua partitura de direção, o aspecto da trajetória de Natália Petrovna em relação à Vera. No primeiro ato, ele descreve o amor de Natália pela juventude de Vera. No segundo ato, revela o início da irritação de Natália por Vera. No terceiro ato, essa relação transita para o ódio de Natália pela juventude de Vera.

Percebemos que nesse mapeamento há um fluxo de desenvolvimento dos sentimentos, em que o entendimento das partes leva à compreensão do todo, criando uma linha coerente, que mais tarde será chamada de "linha de ação contínua". Sob o título "Lógica e

---
63 Ibidem, p. 377.

Coerência dos Sentimentos", Stanislávski registra em *Dos Cadernos de Anotações* uma descrição do ensaio do quarto ato:

A. Vera entra. Acabou de saber da partida de Beliáiev. Está pálida, aflita, aos prantos. É claro que seu pudor feminino a faz ocultar seu estado de aflição. A atriz deve sair num estado emocional de humor elevado, com tempo rápido, ajustamento de ritmo forte e escolha de mudança rápida.

B. A partir das palavras de Vera "Alexei Nikoláievitch, é verdade que deseja partir?" até "ele não me ama", em vários trechos, Vera se mostra indiferente para ocultar o motivo de seu interrogatório. Por meio de sua astúcia, faz Beliáiev se abrir. A atriz deve vivenciar os ajustamentos com astúcia e mudá-los rapidamente para expressar a indiferença que esconde seu amor perspicaz.

C. A partir das palavras "ele não me ama" até "ela também não tem culpa, eu sei que ela é muito boa [...] Natália Petrovna está apaixonada por você", a atriz vivencia a preocupação com o fato de ela mesma revelar a sensação de tormenta interior e dor aguda de alma.

D. A partir das palavras "Natália Petrovna está apaixonada por você" até "Ela pode ficar tranquila. Você não precisa ir embora", a atriz vivencia todos os ajustamentos possíveis para convencer Beliáiev do amor de Natália Petrovna. No início, Vera deseja conseguir isso com uma declaração inesperada. Depois, tenta convencê-lo insistentemente. Tudo isso é feito para observar se Beliáiev fica ou não convencido do amor de Natália. Através de seus olhos, ela vai entender se ele a ama ou não.

E. A partir das palavras "Enfim, quem sabe? Ela pode ter razão", a atriz vive energicamente um sentimento: convença-me.

F. No trecho a partir das palavras "É verdade" até "Que é que eu sou? Uma menininha estúpida, enquanto ela", a atriz vive um estado de autoconcentração, tentando convencer a si mesma (com seus próprios ajustamentos) do plano de Natália.

A cena forma-se de todos esses trechos analisados juntos, ligados entre si, com lógica. A vivência dramática é um todo composto por partes. Suas partes separadas não devem ser compostas da própria peça. Isso pode ser explicado pela fórmula abaixo. Suponhamos que a cena dramática como um todo fosse definida pela letra O.

$$A + b + c + d + e + f = O$$

Kóreneva, como todas as atrizes, fez o seguinte: vivenciou todos os trechos de maneira correta, mas os impregnou de drama. Resultou em drama total. Como se um maravilhoso quadro, pintado delicadamente, fosse coberto com muito verniz preto, debaixo do qual não se visse nada além desse preto. O resultado seria essa fórmula:

$$o + o + o + o + o = o.$$

Não é possível que cada parte que constitui o todo seja igual ao todo que é constituído das partes.[64]

Tarefas

A divisão em fragmentos permite uma compreensão mais profunda do estado da personagem em cada parte da peça, como Stanislávski exemplifica em carta endereçada a Olga Knípper, citada anteriormente. Esses desejos são as tarefas que o ator deve realizar, vivenciar e desvendar do interior da personagem. Ele deve

---

64 *Iz Zapisnikh Kníjek*, p. 353-355.

expressar o que não é dito. Segundo o diretor Adolf Shapiro, o ator deve saber com o que a personagem está preocupada no momento e revelar o que ela não quer falar.

No diálogo entre Natália e Beliáiev no primeiro ato, no qual ficam a sós pela primeira vez, Stanislávski fornece um exemplo da tarefa de Natália:

N. 65

Natália: Sua mãe morreu há muito tempo?
Beliáiev: Há muito tempo.
Natália: Mas o senhor se lembra bem dela?
Beliáiev: Oh, sim [...] Lembro-me, sim.
Natália: E seu pai [...] Mora em Moscou?
Beliáiev: Não, senhora, ele mora no campo.
Natália: E o senhor tem irmão, irmãs?

Jogar com o fato de que ela o observa e quer, com suas sensações, descobrir como ele é e mostrar a ele quem é ela. Ela se preocupa mais e mais com essa tarefa; vê as mãos grandes de Beliáiev.[65]

Stanislávski também menciona a importância da tarefa na cena do quarto ato entre Beliáiev e Vera, citada acima. Ele registra uma conversa com Boleslávski. Acredita-se que a pergunta feita ao ator foi: "do que Beliáiev se ocupa nessa cena?".

[Boleslávski] – Acho que vou dizer tudo a ela.
[Stanislávski] – Não. Isso é apenas pensamento. O próprio autor já escreveu que você dirá tudo a ela. Preciso de outra coisa: como você vai fazê-lo. Ache de qual maneira.[66]

Dificuldades

Os atores têm grande dificuldade em assimilar as novas diretrizes de Stanislávski, principalmente Olga Knípper. No primeiro ensaio

---

65 *Rejissiórskie Ekzempliari K.S. Stanislávskogo*, v. 5, p. 409.
66 Ibidem, p. 523.

com figurino e maquiagem, em 6 de novembro de 1909, ela tem uma crise de choro e se retira no meio do ensaio. Olga Knípper acreditava que, quando colocasse o figurino, tudo daria certo, o que não aconteceu. Stanislávski relata: "Knípper se desanimou. Esperava que, quando vestisse o figurino, apareceria o resto. Mas o figurino não lhe ficou bem e nada apareceu."[67]

Na atenciosa carta de 7 de novembro, Stanislávski diz:

> Mantenho-me longe da senhora para não lhe causar mais problemas. Tornei-me tamanho incômodo à senhora, que é preferível eu sumir por uns tempos. Estou mandando flores no meu lugar. Espero que elas transmitam à senhora os sentimentos carinhosos que nutro pelo seu talento extraordinário. Esse entusiasmo faz com que eu seja muito severo com qualquer coisa que possa macular o lindo dom que a natureza lhe deu.
>
> No momento, a senhora está passando por um período difícil de incerteza artística. Sentimentos profundos de sofrimento nasceram de tal tormento. Não pense que fico com sangue-frio quando surge seu tormento. Eu sofro com a senhora à distância e, ao mesmo tempo, sei que esse tormento trará depois frutos maravilhosos.
> [...]
> Caso precise de minha ajuda, eu dividirei seu papel em partes e prometo não amedrontá-la com termos científicos. Provavelmente esse foi meu erro.
> Eu lhe imploro, seja forte e corajosa nesta luta artística que a senhora deve vencer, não somente para o bem de seu talento, mas também para o bem de todo o nosso teatro, que representa o sonho de minha vida inteira.
> [...]

---

67 *Iz Zapisnikh Knijek*, p. 372.

A senhora tem sorte, tem charme em cena, e isso faz com que as pessoas a escutem, e assim é tão fácil para a senhora fazer qualquer coisa que queira.

É mais difícil para o resto de nós, que temos de, a cada novo papel, calcular, inventar esse charme sem o qual um ator é como uma rosa sem perfume. [...] Perdoe-me o tormento que tenho lhe causado, mas, acredite-me, é inevitável.

Em breve, a senhora alcançará o verdadeiro prazer da arte.[68]

Harvey Pitcher, estudioso da obra tchekhoviana, em biografia de Olga Knípper, esposa de Tchékhov, interpreta o episódio da seguinte maneira:

> Stanislávski estava a ponto de destruir tudo que acreditava anteriormente, e parecia ser um fanático na promulgação de uma nova verdade. Olga Knípper não era a única que estava assustada com os termos técnicos de Stanislávski. Ele mesmo descreveu como os antigos membros da companhia protestaram que estavam sendo tratados como cobaias e os ensaios estavam se tornando um laboratório experimental.[69]

Stanislávski aspira encontrar uma linguagem formal para codificar a melodia interna do papel. Da mesma forma que o músico acompanha a partitura de uma música para o seu desempenho, o ator também deve construir uma partitura dos estados interiores do papel. Ele usa hieróglifos para indicar as mudanças desses estados, como mostram as anotações de Alissa Koonen[70], atriz que faz parte do elenco, no papel de Vera, antes de ser substituída por Kóreneva:

---

68 C.L. Takeda, op. cit., p. 324-325.
69 *Chekhov's Leading Lady*, p. 185.
70 Entrou para o Teatro de Arte em 1906. Em 1913, conheceu seu futuro marido, Aleksander Taírov, um dos os principais renovadores da cena russa. Juntos fundaram, em 1914, o Teatro Kármerni, onde ela atuou até seu fechamento, em 1949.

O primeiro período de trabalho foi na mesa. Constantin Serguêievitch ditava e nós cuidadosamente anotávamos as significações simbólicas das várias emoções e estados interiores. Travessão, por exemplo, significava apatia cênica; uma cruz, estado criativo; uma flecha para cima, transição de apatia para estado criativo; um olho significava uma estimulação para atenção visual; um hieróglifo que lembrava uma orelha, estimulação para atenção da escuta; uma flecha em círculo, astúcia espiritual com convicção; uma flecha para a direita, necessidade de convencer alguém.[71]

Koonen encontrou dificuldades para compreender seu papel, com tantos símbolos, círculos, traços e flechas: "Os exercícios associados ao sistema tornaram-se ainda mais difíceis. Demandavam não simplesmente uma execução mecânica das tarefas, mas também nossa participação interna"[72]. Ela relata que, após uma apresentação de *Um Mês no Campo*, Olga Knípper compartilhou suas dificuldades: "Ele [Stanislávski] olha para mim de uma forma, que mal posso pronunciar as palavras. E hoje, depois de uma frase, ele sussurrou: 'Relaxe a perna direita, seu pé está tenso'. Fiquei emudecida. Minha perna começou a se contorcer tanto que quase esqueci meu texto."[73]

Stanislávski, no final da vida, afirma que usar terminologia abstrata com atores é contraproducente, mas esse processo foi o início de uma nova etapa, na busca de novas ferramentas para um teatro vivo, ou seja, para "a manifestação de uma 'energia vital', algo que 'pulsa', que arrebata, que deslumbra, experiências que conseguem oferecer e comunicar a plenitude do ser"[74].

Stanislávski também encontra bastante dificuldade no trabalho com Boleslávski, inclusive, chega a cogitar substituí-lo num

---

71 *Stranístsi Jísni*, p. 100.
72 Ibidem.
73 Ibidem, p. 101.
74 C.L. Takeda, *"Minha Vida na Arte"*, *de Konstantin Stanislávski*, p. 103.

determinado momento dos ensaios. O ator parece não entender fisicamente as nuances da sua personagem, caindo no exagero, como registra Stanislávski no seu *Dos Cadernos de Anotações*: "Tradição, rotina e clichês."

Em *Um Mês no Campo*, Boleslávski realiza um trabalho escrupuloso sobre uma pipa.

> [Stanislávski] – Concentre-se – digo-lhe.
> [Boleslávski] – Ah, entendo, sei.
> No mesmo instante, suas sobrancelhas se abaixam, o rosto fica sombrio e todo ele lembra um assassino, que, com a expressão feroz, estripa o cadáver de sua vítima.
> [Stanislávski] – Não é isso. Ele está animado, contente e concentrado num trabalho que lhe interessa – eu o corrijo.
> [Boleslávski] – Ah, sim, entendo.
> E logo seu rosto torna-se sorridente. Mas o sorriso não irradia alegria porque o ator não sente por dentro a própria juventude e o ânimo. As mãos começam a trabalhar intensamente. Quando o corrijo outra vez, explicando que entre a soturnidade e o riso do assassino há mil estados de espírito intermediários, Boleslávski torna-se simplesmente um indivíduo argumentativo, chato e indiferente.

Em cena, para a maioria dos atores, mesmo os bons, sempre existem somente os extremos: o riso ou o choro; um desespero total ou um ânimo exagerado.

Pela expressividade, esses extremos são mais fáceis de ser copiados do que as tonalidades finas das sensações íntimas, que são indefinidas e, por isso, imperceptíveis. Elas podem ser vivenciadas, mas não copiadas. É por isso que o ator trágico nunca ri. O cômico não chora. O argumentativo mantém o invariável ar de inteligente e o cenho carregado e as coquetes sempre coqueteiam. Por isso, a retidão dos sofrimentos e dos estados de espírito tão frequentes entre os atores. Se no final da peça está escrito que fulano sorri, o ator se apresenta alegre desde que o pano sobe, embora não haja com que se alegrar. Pergunte para o ator por que ele está rindo e ele lhe responderá: — Como, por quê? Na última página se diz que fulano sorri.[75]

Ingenuidade

Stanislávski tem a confiança de que o ator deve conquistar a ingenuidade de uma criança. Essa preocupação vem desde a montagem de *O Pássaro Azul*, de Maurice Maeterlinck, em 1908, peça em que dois irmãos de cerca de dez anos mergulham no mundo da fantasia, medo e sonho para encontrar o pássaro azul, que simboliza a felicidade. Para Stanislávski, as crianças estão mais perto da natureza, são capazes de penetrar na vida de um cachorro, gato ou formiga. Os sonhos e os prazeres mais elevados são acessíveis a elas. Então, um ator deve ser puro e ingênuo como uma criança de dez anos para compreender a natureza. Essa ingenuidade, porém, deve ser consciente, como ele relata em seu *Dos Cadernos de Anotações* de *Um Mês no Campo,* sob o título "Ingenuidade sem Arte", ao se referir à personagem Kólia, uma criança dessa idade, filho dos Isláiev, interpretado por um garoto de doze anos, Kólia Lariónov[76]:

> Kólia atua em *Um Mês no Campo* de um modo encantador, sem nenhuma noção de medo diante do público, da responsabilidade, das dificuldades da arte. Ele traz para a cena tanta alegria ingênua e natural, que sinto vergonha de ficar em cena. Dá vontade de me retirar e não ousar mais trabalhar

---

75 *Iz Zapisnikh Kníjek*, p. 356-357.
76 Filho de Lírski-Murátov, ator provinciano. Foi aceito para participar do elenco do Teatro de Arte de Moscou como um "funcionário", para atuar nos papéis infantis. Stanislávski o colocou num ginásio particular e pagou seus estudos.

como ator. O que é isso? Uma arte que impreterivelmente deve ser ingênua? É apenas a ingenuidade sem a arte. Para Kólia, logo chegarão dias penosos de medo, de dúvidas, da consciência, decepção e desespero na arte. Então, ele compreenderá tudo, conhecerá todos os espinhos, e certamente vai murchar. Terá medo do público e da responsabilidade, perderá a alegria e chegará o trabalho. Quando ele conceber as dificuldades e vencê-las com trabalho, tudo que dá medo deixará de ser temível, e ele voltará à ingenuidade, com o cabelo encanecido pelo tempo e a antiga ingenuidade vai retornar para ele. Isso é arte e é a ingenuidade. Todo grande artista há de percorrer esse penoso caminho circular da evolução. Quem ficou ingênuo durante a vida toda sem conhecer o terrível e o penoso na arte, ou é bobo para entender a arte, ou incapaz de se aprofundar nela. Então, não é artista. A arte não pode consistir somente em alegrias, que assim se chamam justamente porque existem amarguras em nossa arte.[77]

Apesar de enfrentar dificuldades e, principalmente, resistências no trabalho com os atores, Stanislávski conseguiu atingir um novo patamar na arte de interpretar, o que o levou a se aprofundar cada vez mais na busca de caminhos menos espinhosos e mais eficazes para a arte do ator.

Ensaios

Os ensaios começaram em agosto de 1909. Stanislávski escolheu um pequeno estúdio, em vez do palco, quebrando uma tradição no Teatro de Arte, de que todo ator e diretor deveriam acompanhar os ensaios, participando ou não da montagem – esse era um

---

77 *Iz Zapisnikh Knijek*, p. 367-368.

procedimento pedagógico para que todo jovem ator da companhia pudesse adquirir conhecimento prático a partir da observação dos ensaios. Mas os ensaios de *Um Mês no Campo* eram fechados até mesmo para Nemiróvitch-Dântchenko, com vistas a enfatizar a intimidade da peça.

Stanislávski dividiu a peça em fragmentos para trabalhar cada um separadamente e introduziu as ideias de círculo de atenção e comunicação não verbal. Ele relata que todos trabalham arduamente e se encontram esgotados já no dia 15 de agosto. No dia 22 de agosto, Knípper, que esteve na Crimeia por recomendação médica, voltou, segundo Stanislávski, com energia renovada e dócil, apesar de opor resistência ao seu novo sistema.

> Com energia renovada, Knípper estava doce, flexível e não tinha caprichos. Seu amor-próprio e sua teimosia a fazem olhar de cima para o meu novo sistema de vivências, de círculos, de procedimentos etc. E apesar dessa relação bastante fria ao meu método, ela foi para a frente rapidamente e se esqueceu do seu sentimentalismo horrível e artificialidade. Sua vontade frágil concentrava-se. Muitas vezes, começava de manhã a ensaiar, desleixada, cansada, afirmando que nada daria certo, mas sem perceber se engajava no processo e chegava a grande simplicidade e até fixação do desenho interior.[78]

A preocupação de Stanislávski com os estereótipos é constante. Ele relata que, com seu sistema, tenta se libertar deles: "Neste trabalho, eu e também os outros descobrimos muitas coisas inesperadas em relação aos estereótipos recorrentes de ator, dos quais tentamos nos libertar, e em relação à eficiência do novo sistema."[79]

Em 28 de agosto de 1909, durante um ensaio, Stanislávski fala de sua intenção de estabelecer, antes de as cortinas serem abertas, um minuto de silêncio para que os atores, já no palco, possam

---

[78] Ibidem, p. 368.
[79] Ibidem.

se concentrar em si mesmos para entrarem no "círculo". No dia seguinte, em uma carta endereçada à sua mulher, Dântchenko diz que Stanislávski tinha deixado de lado todo o plano literário que ele (Dântchenko) havia feito, e isso poderia ser "a ruína de Turguêniev"[80].

Em 4 de setembro, Stanislávski se mostra entusiasmado com os novos experimentos e relata que seu sistema faz milagres, "um novo sistema para a escola"[81]. Esse entusiasmo é alternado com a frustração de ensaios não produtivos, como o do primeiro ato, no dia 11 de setembro, no qual nada fora conquistado. Em 16 de setembro, os atores mostraram uma leitura de mesa para Dântchenko, que ficou contente com o que viu, inclusive com Knípper. Na opinião de Stanislávski, Knípper interpretara pior do que das outras vezes, em função do constrangimento com a presença de Dântchenko, que fez com que ela não se libertasse de determinados estereótipos.

Após a leitura para Nemiróvitch, fazem um intervalo de dois dias. No retorno aos ensaios, começam a trabalhar com as considerações de Nemiróvitch, e Stanislávski considera que seu comentário mais importante, de conquistar as nuances de Turguêniev, será difícil com Kóreneva e impossível com Knípper. As duas voltam do intervalo presunçosas, e parecem não compreender a alma turgueniviana, mas ainda assim tentam. Porém, o que as faz distanciar-se da poesia de Turguêniev é a presença de Aleksei Stakhóvitch.[82]

Nas palavras do próprio Stanislávski:

> Stakhóvitch, com suas exigências requintadas, mostrou, para mim e para os outros, alguns tons tão bem, que, seguindo Stakhóvitch, nos distanciamos de Turguêniev e esquecemos que, apesar de todo o encanto de Stakhóvitch, lhe falta a profundidade de Turguêniev. Comecei a procurar a personagem, ou melhor, a copiar Stakhóvitch, e deixei de viver o papel. Durante longo tempo, mais ou menos um mês, eu me

---
80 N. Worralll, op. cit., p. 191.
81 I. Vinográdskaia, *Jizn I Tvortchestvo K.S. Stanislávskogo*, p. 186
82 Sócio e um dos diretores do Teatro de Arte a partir de 1907.

prendi nessas contradições entre Turguêniev e Stakhóvitch sem perceber o que estava acontecendo. O papel se desenrolava cada vez pior, especialmente quando passamos da mesa para os movimentos e as *mise-en-scène*.[83]

A partir de 18 de setembro, trabalhar se tornou uma tarefa árdua: todos ficaram nervosos, um provocando o outro, até torturar o diretor. As coisas foram ficando cada vez mais difíceis. E, para piorar, se desviam do trabalho em função da nova temporada teatral, que apresenta peças antigas. No dia 29 de setembro, Stanislávski já havia feito cinquenta ensaios. No final de setembro, ele descreve o progresso de seu trabalho:

> Não haverá nenhuma *mise-en-scène*. Um banco ou um sofá onde as pessoas chegam, sentam e falam – sem efeitos sonoros, sem detalhes, sem incidentes. Tudo baseado em vivências [*perejivánie*] e entonações. Toda a montagem será tecida de impressões sensoriais e sentimentos do autor e dos atores. Como isso pode ser anotado? Como pode o diretor transmitir aos atores, de maneira imperceptível, sua influência? De certa maneira, isso é um tipo de hipnose baseado no estado de humor dos atores num determinado momento do trabalho, para o conhecimento de suas personagens, suas deficiências e tudo mais. Nesta peça, como em todas as outras – este é o único trabalho que é essencial e digno de atenção.[84]

No dia 13 de outubro, Stanislávski está tentando descobrir as razões das angústias e elaborando os tons e a concentração em diferentes estados de alma do segundo ato.

Os ensaios íntimos, com o trabalho analítico acompanhado de exercícios de atenção e comunicação não verbal, se estendem até o final de outubro, somando noventa treinamentos, quando são

---

83 *Iz Zapisnikh Knîjek*, p. 369-370.
84 N. Worralll, op. cit., p. 192.

transferidos para o palco grande. Essa mudança é catastrófica. Stanislávski relata estar atormentado, desesperado e sem energia:

> Com a passagem para o palco, começou o inferno e não os ensaios [...] Perdemos tudo. O que era bom à mesa, pareceu fraco aqui. Todos falavam baixo e não podiam elevar a voz. Knípper acabava comigo com sua teimosia e Kóreneva me destruía com seu mau caráter e estupidez. A inexperiência de Boleslávski fez dele um idiota. Os inimigos do meu sistema corvejavam, falavam do jeito enfadonho e baixaram o tom dos ensaios [...] Há muito tempo eu não passava por tantos sofrimentos, desespero e desânimo (desde os tempos das peças *O Drama da Vida* e *A Vida do Homem*).[85]

A angústia de Stanislávski é confirmada por Dântchenko nesta carta de 31 de outubro para sua esposa:

> Hoje, finalmente, assisti a dois atos de *Um Mês no Campo*. [Ivan] Moskvín[86] e Stanislávski vêm ensaiando por mais de dois meses, já tendo realizado entre 80 e 90 ensaios, e aqui eles estão preparando apenas dois atos de cinco [...] Temo que Stanislávski vá revelar-se totalmente falido em termos de encenação."[87]

Em uma carta de 1º de novembro, ele complementa:

> Um mês e meio atrás, eu tinha visto quase três atos em sua totalidade. Agora há apenas dois. Eles também atuaram muito pior do que um mês e meio atrás. O que eles têm feito consigo mesmos por todo esse tempo? Não posso sequer imaginar [...] Os cenários e os jovens que fazem Beliáiev e

---

85 *Iz Zapisnikh Knijek*, p. 369-370.
86 Ator do Teatro de Arte de Moscou, foi o diretor do espetáculo junto a Stanislávski.
87 N. Worralll, op. cit., p. 193.

Kóreneva estão bem; Stanislávski está tolerável, mas Knípper é totalmente um espaço em branco.[88]

Em 3 de novembro, Stanislávski se encontra trabalhando como louco porque a peça é muito delicada e não aceita nenhuma *mise--en-scène*. Ele procura incansavelmente o desenho interior. Para dar um descanso ao elenco, no dia 7 de novembro, os ensaios são suspensos por dois dias. Esse é o momento em que Stanislávski envia a carta para Knípper. Os ensaios voltam no dia 9 e o quarto ato é ensaiado durante seis horas sem intervalo. Para Stanislávski, esse ato é bastante angustiante porque nem Knípper, nem Kóreneva têm natureza genuína para as cenas. O ensaio do dia 17 é focado, excepcionalmente, nas personagens menores: Chpiguélski e Lisaveta Bogdánovna, para a elaboração do tempo e temperamento interior. Stanislávski faz a seguinte crítica:

> Vocês estão representando vivacidade, alegria e excitação. Vocês estão representando o resultado. Isso é teatral. Para ficar genuinamente alegre, vocês têm que, antes de tudo, esquecer a alegria. A alegria de uma pessoa é vívida e ela faz tudo com agilidade, de bom grado, energicamente. Realize sua tarefa – uma tarefa mecânica – com primor. Ex: rapidamente, com desembaraço, se proteja da chuva correndo rapidamente. Olhe em volta para ver um lugar para se sentar e acomode--se, chacoalhe seu vestido para tirar a chuva dele, limpe suas mãos. Em outras palavras, lembre-se de realizar tudo o que uma pessoa faz para escapar da chuva, e arrumar suas roupas molhadas rapidamente, de maneira alegre e com vontade.[89]

O ensaio do dia 17 foi improdutivo. No dia 18, Stanislávski faltou por sentir dores no peito – ele vinha sofrendo de insônia e achava

---
88 Ibidem.
89 Ibidem, p. 194.

que estava com angina e iria morrer logo. Na passagem dos quatro primeiros atos, no dia 20, seu desespero aumentou porque apenas os dois primeiros estavam audíveis. No final do ensaio, Dântchenko lhe diz que o sucesso está fora de questão. Eles têm que esperar para ver se o espetáculo passará da estreia.

Esperávamos que, depois dos primeiros três atos, o quarto se ajeitasse sozinho. E realmente os primeiros ensaios prometiam isso. Mas o nervosismo do sofrimento, que nos parecia o verdadeiro artistismo, foi causado pura e simplesmente pelo estado agitado dos atores, isto é, pela agitação das primeiras provas. No terceiro ensaio, eles já não conseguiam repetir o que fora feito nos dois anteriores. De repente, Kóreneva embirrou de maneira bem feminina. Alguém lhe disse que estavam lhe impondo cenas dramáticas e ela começou a nos mortificar. Moskvín ralhou e eu me recusei a trabalhar com ela. Uma semana inteira não lhe dirigi uma única palavra. No fim das contas, ela se convenceu de seu erro e compreendeu que o quarto e quinto atos devem ser trabalhados tão duramente quanto os primeiros três. O quarto era especialmente difícil, porque nem Knípper, nem Kóreneva tinham o temperamento forte para essa cena. Fizemos o ensaio geral dos quatro atos. Resultado: os primeiros dois soavam bem, mas o terceiro e o quarto, nem um pouco [...] Nemiróvitch entrou no meu camarim e disse que não se podia nem pensar no sucesso. Deus queira que o espetáculo não crie problemas [...] Pensamos em adiar a estreia por um tempo indeterminado, pois não se pode fracassar com uma peça de Turguêniev, e apressar a estreia do *Todo Esperto Tem Seu Dia de Bobo*[90] [...] A aflição, a inquietação e o desespero aumentaram.[91]

...
90 Dirigida por Nemiróvitch-Dântchenko, a peça de Aleksander Ostróvski (1823-1886), o mais importante autor dramático russo da segunda metade do século XIX, estreou no palco do TAM, em 1910.
91 *Iz Zapisnikh Kníjek*, p. 371.

No dia 25 de novembro, Stanislávski passou mal novamente. Em 4 de dezembro foi realizado o segundo ensaio aberto com figurinos e maquiagem. No primeiro, alguns dias antes, tendo os funcionários do Teatro de Arte como público, os primeiros atos e a metade do terceiro fizeram sucesso. Então, Stanislávski concentrou seus esforços na outra metade do terceiro ato, no quarto e no quinto atos: "Mudamos o ritmo rápido pelo lento para evitar a teatralidade. Dos círculos e mecanismos nem se fala. Daremos um jeito."[92] Dessa vez, Dântchenko ficou contente. Os problemas que ele havia percebido anteriormente melhoraram, e ele começou a acreditar no sucesso. No dia 7 de dezembro, houve outro ensaio aberto e Stanislávski ficou animado.

> O segundo ensaio geral com o nosso público teve mais sucesso. A gente sente-se melhor em cena quando há espectadores. Além disso, eles acrescentam um nervo em cena. Aquele nervo que falta nos ensaios simples, depois dos ensaios corridos matinais. Começaram a nos elogiar. [...] O primeiro, segundo e quarto atos tinham sucesso, mas o terceiro não progredia. Nemiróvitch já dissera que o sucesso do espetáculo era indubitável e abriria uma nova era no teatro. Tudo isso dava coragem. [...] Por fim, em 7 de dezembro, ensaio geral com o público. Grande sucesso (exceto Knípper). Gostaram menos do terceiro ato. Boleslávski, eu e, em parte, Kóreneva tivemos sucesso. No começo do terceiro ato – aplausos estrondosos para [Msteslav] Dobujínski[93] (*o cenógrafo*).[94]

---

92 Ibidem, p. 371-372.
93 Designer de livros, ilustrador, caricaturista, pintor e cenógrafo. Começou sua carreira artística ilustrando livros e revistas. Colaborou com o Teatro de Arte até 1913. Em 1917, migrou para a Lituânia, onde trabalhou como cenógrafo em um teatro estatal, depois se mudou para a França e Inglaterra. Fixou residência nos Estados Unidos em 1939, onde permaneceu até o final da vida. Ali colaborou com Mikhail (Michael) Tchékhov, sobrinho do escritor Anton Tchékhov, no final dos anos 1930 e início dos anos 1940.
94 *Iz Zapisnikh Kníjek*, p. 371-372.

A estreia aconteceu no dia 9 de dezembro, com o seguinte elenco:

PERSONAGEM	ATOR/ATRIZ
ARKÁDI SERGUÊIEVITCH ISLÁIEV	Nicolai Osipovich Massalitinov[95]
NATÁLIA PETROVNA	Olga Leonárdovna Knípper
KÓLIA	Kólia Lariónov
VÉROTCHKA	Lídia Kóreneva
ANA SEMIÓNOVNA ISLÁIEVA	Maria A. Samárova[96]
LISAVETA BOGDÁNOVNA	Elena P. Murátova[97]
ADAM IVÂNOVITCH SCHAAF	Nicolai N. Zvântsev[98]
MIKHAIL ALEXÂNDROVITCH RAKÍTIN	Constantin Stanislávski
ALEXEI NIKOLÁIEVITCH BELIÁIEV	Richard Boleslávski
AFANÁSSI IVÂNOVITCH BOLCHINTSOV	Iliá M. Urálov[99]
IGNÁTIILITCH CHPIGUÉLSKI	Vladímir F. Gribúnin[100]
KÁTIA – empregada	Liubov I. Dmitriévskaia[101]
MATVEI	Ivan V. Lázariev[102]

Cenografia

Para realizar suas aspirações cenográficas, Stanislávski chamou Dobujínski, membro de um famoso grupo de artistas de São Petersburgo, para ser o responsável pelos figurinos:

[95] Membro do Teatro de Arte de 1907 a 1919, a partir de 1925 foi diretor do Teatro Nacional da Bulgária.
[96] Atriz da Sociedade de Arte e Literatura e depois do Teatro de Arte até 1919.
[97] Graduada na escola de Nemiróvitch-Dântchenko, entrou para o Teatro de Arte em 1901 e nele permaneceu até sua morte.
[98] Foi membro do Teatro de Arte de 1903 a 1911, retornou em 1921 e nele permaneceu até 1923; trabalhou também como diretor no Teatro Niezlobin entre 1913 e 1918.
[99] Foi ator do Teatro de Arte de 1907 a 1911.
[100] Membro do Teatro de Arte por 35 anos.
[101] Trabalhou no Teatro de Arte de 1906 a 1924.
[102] Esteve no Teatro de Arte por dois períodos: 1902-1903 e 1909-1920.

Mstislav Valeriânovitch Dobujínski, que naquele tempo estava no apogeu da fama. Era célebre pela sua compreensão sutil e pela bela tradução dos ambientes poético-sentimentais dos anos 20-50 do século passado [XIX], aos quais se dedicavam os pintores e colecionadores e, atrás deles, toda a sociedade. Era difícil até desejar um pintor melhor.[103]

Dobujínski esteve presente em todos os ensaios, desenhando vários esboços de suas impressões nas diferentes cenas. Stanislávski pendurou todos os desenhos nas paredes para que o cenógrafo pudesse ter uma ideia clara do desenvolvimento de seu trabalho. Ele chamou esse trabalho de "plano arquitetônico de cenário".

O diretor tomou todo o cuidado para que houvesse uma harmonia entre as necessidades dos atores e as do cenógrafo/figurinista. Dobujínski criou quatro cenários, sendo um ao ar livre. Stanislávski ressaltou que o cenógrafo não se "prendesse" às indicações do autor, mas ao sentido da obra – o retrato da vida calma e tranquila da aristocracia, numa casa onde todos os ambientes são favoritos. Nada se mexe. Mesmo quando uma "tempestade" se aproxima, logo a calma volta e tudo fica no mesmo lugar, a vida retorna ao seu curso anterior.

O cenário do primeiro ato era um salão em forma semicircular, com cúpula azul, piso encerado, bem ao centro uma janela alta, com uma cortina, que ilumina o ambiente com a luz do sol de verão e de onde se avista o jardim. Dois sofás listrados atrás de uma pequena mesa acolhem os habitantes. A cenografia é posta com rigor simétrico. Tudo muito equilibrado, na perfeita ordem, passando uma sensação de tranquilidade. Comentou-se muito que as telas de lareira, dispostas em cada lado do palco, se destacaram do ambiente como objetos separados de contemplação estética, bem como as duas pinturas nas paredes: uma de tempestade e outra da erupção do Vesúvio. Esses elementos

---
[103] *Minha Vida na Arte*, p. 448.

simbolizavam sutilmente a agitação dos corações atormentados das personagens.

No segundo ato, a cena se passava no jardim, onde a simetria também está presente. No centro do palco havia um banco. Atrás dele, duas árvores aparentemente idênticas, na margem do lago, parecem se bifurcar no alto. Ao longe, uma paisagem de jardim que se funde com o prado, o céu azul com nuvens brancas e fofas, um ar romântico com calor de verão.

A configuração do terceiro ato era um ambiente sem janelas, com uma peça angular ao fundo, branca, da altura do cômodo, que suavizava o espaço. Em cada lado da sala, em formato triangular, estavam pendurados dois espelhos ovais com molduras idênticas, que se destacavam na parede verde-oliva com motivos brancos dispostos em losango. O teto branco se contrapunha ao tapete preto estampado com flores grandes e de cores fortes. O mesmo padrão de estampa é encontrado no sofá e nas cadeiras, dispostas uma de cada lado, com fundo vermelho-escuro. Em cada canto do palco, cortinas de veludo vermelhas, que cobrem as entradas, vão do chão ao teto. Os únicos móveis são uma penteadeira e uma mesa lateral. A regularidade das formas e a simetria perfeita se repetem nesta sala com ar feminino e de bom gosto.

O cenário do quarto ato, um depósito, era um grande corredor com uma longa parede de tijolos descascados e dois œils-de-bœuf redondos, um de cada lado. Havia, ainda, um portal central com colunas de estilo veneziano, que Chpiguélski menciona, com arcos arredondados e um vitral multicolorido no fundo e ao centro. Nas laterais, um banco de jardim verde e objetos velhos e usados, como um vaso de flores, revelam não só a finalidade do lugar como o estado de espírito das personagens, como Stanislávski descreveu: "Tudo, definitivamente tudo parece fora de lugar."[104]

A simetria sistemática dos cenários produzia tranquilidade, não permitindo o desencadeamento de furacões destruidores,

---

104 Rejissiórkie Ekzempliari K.S Stanislávslogo, v. 5, p. 517.

exatamente como Stanislávski almejava, o retrato da vida sem excesso, sem detalhes, apenas com objetos que trazem em si algo significativo. Esses cenários colaboraram para os atores encontrarem o estado de alma de suas personagens. O diálogo entre cenário e a essência da peça se estabelece. "O resultado da criação de Dobujínski era essencialmente semiabstrato e simbólico [...] O cenário idealizava ambientes que serviam para projetar um ideal de perfectibilidade humana."[105]

> Dobujínski ressaltou simetria e equilíbrio para refletir o tema central – o desejo do homem em dominar a natureza – e criar uma sensação de contenção, de acordo com o desejo do diretor de minimizar os movimentos e os gestos dos atores focando na tensão interior.[106]

Figurinos

Os figurinos, muito atrativos, obtiveram uma fusão orgânica com o cenário, no estilo da moda de 1840, como se os moradores da casa tivessem saído de uma pintura. Em sua partitura de direção, Stanislávski descreveu os figurinos:

> ISLÁIEV
> 1º ato – camisa.
> 3º e 4º atos – roupa de caça.
> 5º ato – sobrecasaca.

∎∎∎
105 N. Worralll, op. cit., p. 190.
106 R. Dixon, Russia and Soviet Union Set Design, em G.H. Cody; E. Sprinchorn (orgs.), *The Columbia Encyclopedia of Modern Drama*, p. 1172.

RAKÍTIN
1º ato – sobrecasaca da moda.
2º ato – sobrecasaca de verão com botões.
3º e 4º atos – camisa.
5º ato – roupa de viagem.

KÓLIA
1º ato – terno.
2º ato – camisa.
5º ato – terno.

SCHAAF
1º ato – sobrecasaca *démodé*.
2ºato – vestes de pescaria.

BELIÁIEV
1º ato – casaco velho.
2º ato – camisa.
3º e 4º atos – casaco velho.
5º ato – casaco novo.

BOLCHINTSOV
2º ato – fraque, calças cor-de-rosa.

CHPIGUÉLSKI
1º ato – sobrecasaca.
2º ato – fraque.
o resto – idem.

MATVEI
1º ato – libré.
2º ato – roupas caseiras.
no resto – repetições.

NATÁLIA PETROVNA
1º ato – verde.

2º ato – rosa com xale.
3ºato – capota.
5º ato – o mesmo do 2º ato.

VÉROTCHKA
1º ato – pálido com azul-claro.
2º ato – pobrezinha.
3º ato – (o mesmo do primeiro ato, azul-claro).
4º ato – xadrez vermelho.
5º ato – um dos anterior

MÃE
1º ato – vestido.
3º ato – capota.
5ºato – terceiro vestido.

LIZAVETA BOGDÁNOVNA
1º ato – cor de areia.
4º ato – cinza com uma fita preta.

KÁTIA
um só vestido.

DETALHES COTIDIANOS
Velas para acender o cigarro – de dia.
Sempre todos têm luvas.
Largas correias com suspensórios nas meias.
Mulheres com cinturas alongadas.

Recepção

Um Mês no Campo estreou com enorme sucesso. O que chamou a atenção no espetáculo foi a relação perfeita entre a delicadeza doce-amarga do texto, o charme discreto da encenação e o despojamento dos meios de expressão, como um olhar, um objeto. A ausência total de "expressão externa" era marcante e a simplicidade da *mise-en-scène*, surpreendente. Os atores ficaram sentados num sofá, que ocupava toda a parede arredondada do cenário, praticamente todo o terceiro ato.

A crítica ficou surpresa com esse espetáculo, pelo fato de *Um Mês no Campo* ter sido considerada uma peça somente para leitura, impossível de ir para o palco. E Stanislávski provou ser totalmente encenável, dando coerência a um texto tão difícil.

> Um grande e principal encanto do espetáculo residia na expressão ampla e clara da ternura silenciosa de Turguêniev, de sua beleza pensativa e singela. Todos os meios teatrais juntaram-se na harmonia coerente e severa, no tranquilo equilíbrio artístico e exprimiram perfeitamente o estilo de Turguêniev, a alma e a essência poética de sua criação.[107]

Os notáveis cenários de Dobujínski foram destacados pela crítica, além da excepcional atuação de Stanislávski, que rompeu com os maneirismos da época. "O sr. Stanislávski interpreta Rakítin com uma incomum sutileza – com muita delicadeza e refinamento", dizia o jornal *Gólos Moskvi*, de dezembro de 1909.

"Há qualquer coisa do jovem Turguêniev e de Alfred de Musset[108], em Rakítin", dizia Serguei Jablonovski*in* em *Rússkoie Slovo*, em 10 de dezembro de 1909. "Maneiras contidas, para não dizer

---
107 N. Efros, apud I.Vinográdskaia, op. cit., p. 215.
108 Poeta, romancista e dramaturgo francês, um dos maiores expoentes literários do romantismo.

frias. Falta completa de reação às impressões exteriores, mudança ínfima de fisionomia aos mais rudes golpes", escreveu *Moskóvskie Viédomosti*, em 11 de dezembro de 1909.

"*Gentleman* dos pés à cabeça, ele torna-se, pela sua doçura quase indolência, seu olhar ao longe, sua quase imobilidade, toda sua submissão a seu destino e ao seu meio", publicou o *Moskóvskie Viédomosti*, em 23 de dezembro de 1909.

> Às vezes, a interpretação de Stanislávski não precisa nem de palavras, nem de gestos: pela mímica forte, pelo olhar único, pelo quase imperceptível movimento dos músculos faciais, ele expressa emoções fortíssimas. *Um Mês no Campo* – uma das peças mais enfadonhas do repertório russo – viveu no palco, graças à maravilhosa interpretação mímica, quase que absolutamente privada da ação cênica exterior, de Stanislávski no papel de Rakítin.[109]

O mesmo não aconteceu com Olga Knípper, que não ficou à altura da encenação. A crítica apontou que ela estava estranha ao espírito de Turguêniev, inapta ao lirismo (Stanislávski já previa isso). "O essencial lhe falta, esse charme que distingue as mulheres de Turguêniev de todas as outras [...] Ela está seca, irritada, mal-humorada: há nela mais sentimentalismo do que sentimento", escreveu Serguei Jablonovski *em Rússkoie Slovo*, em 10 de dezembro de 1909.

Os jovens Boleslávski e Kóreneva também tiveram atenção especial da crítica, conforme concluiu Di Odinokij no jornal *Gólos Moskvi*, de 10 de dezembro de 1909:

> Beliáiev seduz por seu frescor e sua pureza [...] Vérotchka, quase sem graça exteriormente, reflete em sua fisionomia cada movimento delicado de sua alma com tal qualidade de

---

[109] V. Volkenstein, apud I. Vinográdskaia, op. cit., p. 216.

expressão e tal verdade [...] Vérotchka e Beliáiev são moldados de maneira altamente artística. Uma escola que forma jovens artistas dessa têmpera deve ocultar uma grande força

A recepção favorável ao espetáculo como um todo foi de extrema importância para Stanislávski, que provou o valor do seu novo sistema da maneira mais efetiva possível, pela via do sucesso. Com essa montagem, ele conseguiu com a simplicidade da encenação e o bom trabalho dos atores (exceto de Olga Knípper) revelar o que para ele era o mais fundamental da essência teatral: o ser humano.

Epílogo

O espetáculo *Um Mês no Campo*, como previu Nemiróvitch-Dântchenko, marcou uma nova era no Teatro de Arte, apontando novos caminhos tanto para o encenador como para o ator. A necessidade de Stanislávski de anular toda *mise-en-scène* em função da delicadeza do texto o levou à busca do essencial. A expressão potente, por meio de uma composição cênica simples e ao mesmo tempo profunda, passou a ser uma investigação constante no teatro. Stanislávski deu continuidade a essa pesquisa durante toda sua trajetória. Nos últimos anos, ele desejava que a *mise-en-scène* surgisse de forma espontânea, que sua construção se desse juntamente com os atores.

> Agora ele não se apressa em fixar *mises en scène*, mas espera que elas surjam de maneira natural e inevitável no decorrer da improvisação coletiva. Quer que a forma espacial da peça nasça por si só, para que os intérpretes improvisem *mises en scène* como os atores da Commedia dell'Arte fazem suas improvisações.[1]

Para Stanislávski, o ator é o senhor do palco, e todos os elementos cênicos deveriam destacar a sua iniciativa criadora. Para tanto, experimentou diferentes estéticas, como relatou:

---

[1] B. Zinguerman, As Inestimáveis Lições de Stanislávski, em A Cavaliere; E. Vássina (orgs.), *Teatro Russo: Literatura e Espetáculo*, p. 19.

> Depois de ter experimentado na atividade teatral todos os caminhos e meios de trabalho criador, de render tributo pelo envolvimento com todo tipo de montagem na linha da história e dos costumes, do simbólico, do ideológico etc., de estudar as formas de montagens de correntes e princípios artísticos diferentes – realismo, naturalismo, futurismo, arte estatuária na cena, esquematização com simplificações extravagantes, com panos, biombos, tules, artifícios vários de iluminação –, convenci-me de que esses recursos todos não formam o fundo que melhor destaca a iniciativa criadora do ator [...]
> O único imperador e soberano do palco é o ator de talento. Entretanto acabei não encontrando para ele aquele fundo cênico que não o atrapalhasse mas o ajudasse no complexo trabalho artístico. Faz-se necessário um fundo simples, e sua simplicidade deve partir de uma fantasia rica e não de uma pobre. Entretanto não sei como evitar que a simplicidade da fantasia rica projete-se ao primeiro plano com força ainda maior do que o luxo exagerado da teatralidade [...] Resta esperar que nasça algum grande artista e resolva essa dificílima tarefa cênica, criando para o ator um fundo simples porém rico em arte.[2]

Stanislávski, um homem inquieto, sempre estabeleceu para si novos desafios. Era isso que o movia no incansável desejo de ser um realizador de seus sonhos, que muitas vezes pareciam estar bem distantes.

> Stanislávski sonha com o irrealizável e exige o impossível: gostaria que os atores interpretassem de maneira livre e natural, independentemente de onde se abrirá a quarta parede esta noite, e fossem capazes de improvisar *mises en scène*

---

2 *Minha Vida na Arte*, p. 530-531.

EPÍLOGO

não só nos ensaios, mas também no decorrer da peça, na frente do público.³

É certo que Stanislávski desejava um ator independente, comprometido não só com seu papel, mas com a obra como um todo, que fosse um coautor do espetáculo. Esse foi o grande objetivo de seu sistema: a integração de vários elementos fluindo em conjunto para uma postura investigativa da interpretação.

Suas primeiras sementes germinaram em 1906, e foi o espetáculo *Um Mês no Campo* a primeira concretização da real possibilidade de um ator criador. Em 1909, ele ainda estava bem longe do seu sistema como é conhecido hoje, mas sua essência já se encontrava ali, como a relação intrínseca de corpo, mente e alma, e as condições necessárias para a criatividade, como concentração, relaxamento muscular e comunhão – elementos extraídos da ioga. O fato de o ator atuar sobre sua própria pessoa, uma das premissas mais importantes, começou a ser desenvolvida nesse processo por meio do mágico "se" (ainda não tinha esse nome) e foi amadurecido após estudos sobre a memória afetiva do psicólogo francês Ribot. Essa foi uma grande ferramenta para uma aproximação entre vida e arte. A divisão do texto em partes, com o objetivo de aprofundar a compreensão do todo, criando uma linha de ação contínua e extraindo o conteúdo mais profundo da obra – o superobjetivo, como ficaria conhecido, usado aqui pela primeira vez –, foi o elemento de maior importância nos últimos anos de Stanislávski. Ele fez a seguinte afirmação:

> Quanto mais me ocupo com as questões de nossa arte, menor se torna a minha definição de arte sublime. Se você me perguntar como devo defini-la, responderei: é aquela na qual existe um superobjetivo e uma linha de ação contínua.

---

3   B. Zinguerman, op. cit., p. 20.

A arte ruim é aquela que não tem nem superobjetivo, nem linha de ação contínua.[4]

Como já foi dito, as descobertas de elementos do seu sistema nesse espetáculo foram desenvolvidas e aprofundas por anos. Por esse motivo, *Um Mês no Campo* é considerada uma montagem de grande relevância na trajetória de Stanislávski. Durante esse percurso, ele colocou cada vez mais responsabilidades nas mãos dos atores para a interpretação de uma peça.

O caminho para a independência foi radicalizado quando, nos anos 1930, fez uma mudança significativa: analisou a peça por meio da ação, ou seja, explorou a peça mediante improvisações dos atores, fisicalizando a imaginação. Ele passou um longo período analisando cada parte da peça e suas personagens por meio da visualização, para depois experimentar. Sob essa nova perspectiva, tudo acontece ao mesmo tempo, a análise e a ação. Esse procedimento é conhecido hoje como análise ativa. Em uma carta de dezembro de 1936, Stanislávski relata suas novas diretrizes, que contêm elementos gerados na montagem de *Um Mês no Campo*:

> Estou colocando agora um novo procedimento [*priom*] em movimento, uma nova abordagem no papel. Isso envolve a leitura da peça hoje, e ensaiá-la no palco amanhã. O que podemos ensaiar? Muitas coisas. A personagem chega, cumprimenta a todos, senta-se, fala dos eventos que acabaram de acontecer, expressa uma série de pensamentos. Todos podem representar isso, guiados por suas próprias experiências pessoais. Então, o deixam agir. Então, dividimos toda a peça, episódio por episódio, nas ações físicas. Quando isso se faz com exatidão, corretamente, de modo que se sinta verdadeiro, inspira nossa crença no que está acontecendo no palco, e então podemos dizer que a linha da vida de um

---

4 V. Toporkov, *Stanislavsky in Rehearsal*, p. 213.

corpo humano foi criada. Isso é uma pequena coisa, mas metade do papel.[5]

Um Mês no Campo foi o primeiro passo na travessia percorrida por Stanislávski para que o ator encontrasse sua liberdade artística – tendo consequentemente maior responsabilidade sobre a criação. Ele acreditava que um dia o teatro seria a "metamorfose da alma do mundo"[6], um mundo com liberdade e sem guerras. Para tanto, atores altamente comprometidos com a obra se faziam necessários.

A forma como Stanislávski desenvolveu seu sistema – com muitas influências nacionais e internacionais, diversas referências estéticas e seguindo as leis da natureza, como ele mesmo diz – lhe deu a possibilidade de uma leitura universal: "Meu sistema é para todas as nações. Todas as pessoas possuem a natureza humana: isso se manifesta de várias formas, mas meu sistema não é impedimento para isso."[7]

A figura de Stanislávski sempre esteve ligada ao realismo, embora ele tenha percorrido várias estéticas. Isso pode fazer crer que sua obra tenha uma dimensão menor, o que de fato não é verdade.

> Transformar em fórmulas de um realismo estreito, ao qual seu nome aparece muitas vezes ligado, toda uma vida inquieta e mutável, dedicada à formulação constante de hipóteses, de busca e experimentação incessantes no âmbito da prática do espetáculo e da arte do ator, é, sem dúvida nenhuma, reduzir e empobrecer a significação do alcance do projeto estético de Stanislávski.[8]

Embora baseada em um texto do realismo psicológico, a montagem de *Um Mês no Campo* lançou mão, na sua leitura cênica, de

---

5 S.M. Carnicke, *Stanislavsky in Focus*, p. 194.
6 *Stanislavsky on the Art of the Stage*, p. 201.
7 Ibidem, p. 170.
8 A. Cavaliere; E. Vássina, A Herança de Stanislávski no Teatro Norte-Americano, em A. Cavaliere; E. Vássina (orgs.), op. cit., p. 199.

elementos do simbolismo, como o teatro estático de Maeterlinck. Assim, não podemos dizer que sua estética nesse espetáculo tenha sido realista. Ele tinha o desejo de uma comunicação plena com o espectador e usava as ferramentas cênicas disponíveis para a sua realização, conforme relata: "Como toda arte, o teatro deve aprofundar a sua consciência, refinar seus sentimentos, elevar o nível de sua cultura. Quando um espectador sai do teatro, deve ser capaz de olhar a vida e seu tempo com uma percepção mais profunda do que quando entrou."

Stanislávski, na verdade, não tinha apegos a "ismos", desejava uma expressão plena do espírito humano. Seu legado é eterno como uma obra clássica que expresse as questões infindáveis da humanidade. Ele propôs uma investigação intensa da alma humana e, nesse mergulho profundo, desejava, quem sabe, encontrar o divino.

Bibliografia

ABENSOUR, Gérard. *Vsévolod Meierhold ou A Invenção da Encenação*. São Paulo: Perspectiva, 2011.
BALAKIAN, Anna. *O Simbolismo*. São Paulo: Perspectiva, 2007.
BENEDETTI, Jean. *Stanislavsky and the Actor*. London: Routledge, 1998.
_____. *Moscow Art Theatre Letters*. New York: Routledge, 1991.
_____. *Stanislavsky: An Introduction*. London: Methuen, 1989.
_____. *Stanislavsky: A Biography*. London: Methuen, 1988.
BOLESLAVSKI, Richard. *A Arte do Ator*. 2. ed. São Paulo: Perspectiva, 2015.
BRAUM, Edward. *Meyerhold on Theatre*. London: Methuen, 1969.
BRIGGS, Antony D. Ivan Turgenev and the Work of Coincidence. *The Slavonic and East European Review*, London, v. 52, n.2, Apr.1980.
CARNICKE, Sharon Marie. *Stanislavsky in Focus: An Acting Master for the Twenty-First Century*. 2nd ed. London: Routledge, 2009.
CAVALIERE, Arlete; VÁSSINA, Elena. A Herança de Stanislávski no Teatro Norte-Americano: Caminhos e Descaminhos. In: CAVALIERE, Arlete; VÁSSINA, Elena (orgs.). *Teatro Russo: Literatura e Espetáculo*. Cotia: Ateliê, 2011.
_____. O Simbolismo no Teatro Russo nos Inícios do Século XX: Faces e Contrafaces. In: CAVALIERE, Arlete; VÁSSINA, Elena; SILVA, Noé (orgs.). *Tipologia do Simbolismo nas Culturas Russa e Ocidental*. São Paulo: Humanitas, 2005.
DIXON, Ross. Russia and Soviet Union Set Design. In: CODY, Gabrielle H.; SPRINCHORN, Evert (orgs.). *The Columbia Encyclopedia of Modern Drama*. New York: Columbia University Press, 2007.
EFROS, Anatoly. *The Joy of Rehearsal: Reflections on Interpretation and Practice, Continued*. Translated by James Thomas. New York: Peter Lang, 2009.
FRAGA, Eudinyr. *O Simbolismo no Teatro Brasileiro*. São Paulo: Arte & Tec, 1992.
GAUSS, Rebecca. *Lear's Daughters: The Studios of the Moscow Art Theatre 1905-1927*. New York: Peter Lang, 1999.

GORDON, Mel. *The Stanislavsky Technique*. New York: Applause Theatre Books, 1987.
GROSSMAN, Leonid. *Teatr Turgueneva*. Peterbúrg, [s.n.], 1924.
GUINSBURG, J. *Stanislávski e o Teatro de Arte de Moscou*. 2. ed. São Paulo: Perspectiva, 2010.
_____. *Stanislávski, Meierhold & Cia*. São Paulo: Perspectiva, 2008.
JIMÉNEZ FLORES, Sergio. *El Evangelio de Stanislavski Según Sus Apóstoles: Los Apócrifos, la Reforma, los Falsos Profetas y Judas Iscariote*. Ciudad de México: Gaceta, 1990.
JONES, David Richard. *Great Directors at Work: Stanislavsky, Brecht, Kazan, Brook*. Berkeley: University of California Press, 1986.
KNÉBEL, María. *El Último Stanislavsky*. Madrid: Fundamentos, 1996.
KNOWLES, A.V. *Ivan Turgenev*. Boston: Twayne, 1988.
KOONEN, Alissa. *Stranístsy Jísni*. Moskva: Iskusstvo, 1975.
LEVIN, Irina; LEVIN, Igor. *The Stanislavsky Secret: Not a System, Not a Method But a Way of Thinking*. Colorado Springs: Meriwether, 2002.
LLOYD, Benjamin. Stanislavsky, Spirituality, and the Problem of the Wounded Actor. *New Theatre Quarterly*, Cambridge, v. 22, n. 01, Feb. 2006.
MAGARSHACK, David. *Stanislavsky: A Life*. London: Faber and Faber, 1986.
_____. *Turgenev: A Life*. New York: Grove, 1954.
MERLIN, Bella. *Beyond Stanislavsky: The Psycho-Physical Approach to Actor Training*. London: Nick Hern Books, 2001.
_____. *The Complete Stanislavsky Toolkit*. London: Nick Hern Books, 2007.
OIDA, Yoshi. *O Ator Invisível*. São Paulo: Beca, 2001.
_____. *Um Ator Errante*. São Paulo: Beca, 1999.
PARKE, Lawrence. *Since Stanislavsky and Vakhtangov: A Method as a System for Today's Actors*. Hollywood: Acting Word Books, 1985.
PICON-VALLIN, Béatrice. *Meierhold*. São Paulo: Perspectiva, 2013.
_____. Texto Literário, Texto Cênico, Partitura do Espetáculo na Prática Teatral Russa. In: CAVALIERE, Arlete; VÁSSINA, Elena (orgs.). *Teatro Russo: Literatura e Espetáculo*. Cotia: Ateliê, 2011.
_____. *A Arte do Teatro: Entre Tradição e Vanguarda*. Rio de Janeiro: Teatro do Pequeno Gesto, 2006.
PITCHER, Harvey J. *Chekhov's Leading Lady: A Portrait of the Actress Olga Knipper*. London: Jonh Murray, 1979.
PITCHES, Jonathan. *Science and the Stanislavsky Tradition of Acting*. London: Routledge, 2006.
RAMACHARAKA, Yogue. *Raja Yoga*. Porto: Brasília Editora, [s.d.].
RIBOT, Théodule. *The Psychology of the Emotions*. London: Walter Scott, 1911.
ROBERTS, J.W. *Richard Boleslavsky: His Life and Work in the Theatre*. Ann Arbor: UMI Research Press, 1982.

RUDNITSKY, Konstantin. *Russian and Soviet Theatre: Tradition and Avant-Garde*. London: Thames & Hudson, 1988.
SCHAPIRO, Leonard. *Turgenev: His Life and Times*. Cambridge: Harvard University Press, 1982.
STRASBERG, Lee. *A Dream of Passion: The Development of the Method*. Edited by Evangeline Morphos. Boston: Little Brown, 1987.
TAKEDA, Cristiane Layer. *O Cotidiano de uma Lenda: Cartas do Teatro de Arte de Moscou*. São Paulo: Perspectiva, 2003.
TOMACHEVSKI, Boris M. Temática. In: EIKHENBAUM, Boris; et al. *Teoria da Literatura: Formalistas Russos*. Porto Alegre: Globo, 1973.
TOPORKOV, Vasili. *Stanislavsky in Rehearsal*. London: Routledge, 1998.
VÁSSINA, Elena. Rússia, Início do Século XX. Fundadores do Teatro Moderno. *Moringa – Artes do Espetáculo*. Revista do Departamento de Artes Cênicas da UFPB. João Pessoa, v. 1, 2006.
____. O Teatro Russo Moderno e Seu Público. In: CARVALHO, Sérgio de; et al. *O Teatro e a Cidade: Lições de História do Teatro*. São Paulo: Secretaria Municipal de Cultura, 2004.
VIANA, Fausto. *O Figurino Teatral e as Renovações do Século XX*. São Paulo: Estação das Letras e Cores, 2010.
VINOGRÁDSKAIA, Irina. *Jizn I Tvortchestvo K.S. Stanislávskogo*. Moskva: Moskovski Khudojestveni Teatr, 2003.
WHITE, R. Andrew. Stanislavsky and Ramacharaka: The Influence of Yoga and Turn-of-The-Century Occultism on The System. *Theatre Survey*, v. 47, n. 1, 2006.
WORRALL, Nick. *The Moscow Art Theatre*. London: Routledge, 2001.
ZINGUERMAN, Boris. As Inestimáveis Lições de Stanislávski. In: CAVALIERE, Arlete; VÁSSINA, Elena (orgs.). *Teatro Russo: Literatura e Espetáculo*. Cotia: Ateliê, 2011.

De Ivan Turguêniev

Um Mês no Campo. São Paulo: Hucitec, 1990.
Um Mês no Campo. Biblioteca virtual Mashkova. I.S. Turgueniev, *Mesiats v Derevnie*. Disponível em: <http://az.lib.ru/>. Acesso em: 4 dez. 2015.
A Month in the Country. New York: Dramatists Play Service, 1980.
Polnoe Sobranie Sotchiniênii i Pismem. Moskva / Leningrad: Izdatélstvo /Akademii Nauk SSSR, 1962.V. 3.
Sobránie Sotchinéri. Moscou: Izdatélstvo Khudojestvénnoi Literaturi, 1956. V. 9.

De Constantin Stanislávski

Stanislavsky on the Art of the Stage. London: Faber and Faber, 1999.
Stanislavski's Legacy: A Collection of Comments on a Variety of Aspects of an Actor's Art and Life. 2nd edition revised and expanded. Edited and translated by Elizabeth Reynolds Hapgood. London: Routledge, 1999.
Rejissiórskie Ekzempliari K.S. Stanislávskogo: 1905-1909. Moskva: Iskússtvo, 1998. V. 5.
A Criação de um Papel. Rio de Janeiro: Civilização Brasileira, 1990.
A Construção da Personagem. Rio de Janeiro: Civilização Brasileira, 1989.
Minha Vida na Arte. Rio de Janeiro: Civilização Brasileira, 1989.
Iz Zapisnikh Knijek. Moskva: VTO, 1986.
A Preparação do Ator. Rio de Janeiro: Civilização Brasileira, 1986.
Trabajos Teatrales: Correspondencia. Buenos Aires: Quetzal, 1986.
El Trabajo del Actor Sobre Sí Mismo en el Proceso Creador de la Encarnación. Buenos Aires: Quetzal, 1986.
El Trabajo del Actor Sobre Sí Mismo en el Proceso Creador de las Vivencias. Buenos Aires: Quetzal, 1977.
El Trabajo del Actor Sobre su Papel. Buenos Aires: Quetzal, 1977.

Trabalhos Acadêmicos

BIANCHI, Maria de Fátima. O "Sonhador" de A Senhoria, de Dostoiévski: Um "Homem Supérfluo". Tese de Doutorado, Faculdade de Filosofia e Letras e Ciências Humanas, São Paulo, USP, 2006.
DAGOSTINI, Nair. O Método da Análise Ativa de K. Stanislávski Como Base Para a Leitura do Texto e da Criação de Espetáculo Pelo Diretor e Ator. Tese de Doutorado, Faculdade de Filosofia e Letras e Ciências Humanas, São Paulo, USP, 2007.
HERREIRAS, Priscilla. A Poética Dramática de Tchékhov: Um Olhar Sobre os Problemas de Comunicação. Dissertação de Mestrado, Faculdade de Filosofia, Letras e Ciências Humanas, São Paulo, USP, 2010.
SCANDOLARE, Camilo. Os Estúdios do Teatro de Arte de Moscou e a Formação da Pedagogia Teatral no Século XX. Dissertação de Mestrado, Instituto de Artes, Campinas, Unicamp, 2006.
TAKEDA, Cristiane Layer. "Minha Vida na Arte" de Constantin Stanislávski: Os Caminhos de uma Poética Teatral. Tese de Doutorado, Escola de Comunicações e Artes, São Paulo, USP, 2008.

Este livro foi impresso na cidade de São Bernardo do Campo,
nas oficinas da Bartira Gráfica e Editora, em março de 2016,
para a Editora Perspectiva.